KB080417

게리 헤밍

지은이 **미렐라 텐데리니**Mirella Vescovi Tenderini

등반하는 이탈리아의 기자이자 작가로 15년 동안을 알프스에서 살면서 가이드인 남편과 산장을 운영했다. 이후 프리알프스Pre-Alp에 정착하여 밀라노에서 문학 에이전시를 설립했으며, 이탈리아 잡지 『Alps』와 함께 작업했고, 수많은 세계 산악 저널들에 기사를 썼다. 현재 토리노 비발다Vivalda에서 출판하는 산악 도서 시리즈의 편집자로 활동하고 있으며, 프랑스 파시Passy와 캐나다 밴프Banff 산악 문학제의 심사위원이기도 하다. 몇 권의 책을 영어 및 프랑스어에서 이탈리아어로 번역했고, 아브루지Aburuzzi 공작에 대한 자서전을 썼다.

옮긴이 **박명원**

서울문리대산악회인 대학산악부 출신의 "크랙 등반하는 변호사." 산악회 관련 소송을 다수 진행하였고, 히말라야 트랑고타워 등반 등 활발한 등반 활동을 하고 있다.

Gary Hemming

Copyright © 2014 by Mirella Vescovi Tenderini All rights reserved

Korean translation copyright © 2024 by Haroojae Club
Korean translation rights arranged with Mirella Vescovi Tenderini
through EYA (Eric Yang Agency).

＊ 이 책의 한국어판 저작권은 EYA(Eric Yang Agency)를 통한
미렐라 텐데리니와의 독점계약으로 '하루재클럽'이 소유합니다.
저작권법에 의하여 한국 내에서 보호를 받는 저작물이므로
무단전재 및 복제를 금합니다.

＊ 한국어판은 저자인 미렐라 텐데리니의 이탈리아어판을
수잔 호지키스Susan Hodgkiss가 번역한 영어판(1995년판과 2015년판)을
기준으로 하였습니다.

알프스의 방랑자

게리 헤밍

미렐라 텐데리니 지음 박명원 옮김

하루재클럽

제1부

제 2 부

서문

게리 헤밍이 가족처럼 우리 집을 드나들었다는 사실을 나는 『아이거에 사로잡혀Eiger Obsession』라는 아버지에 관한 책을 쓰면서 비로소 알게 되었다. 아버지와 헤밍이 알고 지낸 건 내가 태어나기 2년 전부터였기 때문에 두 분이 함께 한 시간에 내가 아예 없었던 건 아니지만, 헤밍을 마지막으로 보았을 때 나는 겨우 아홉 살이었다.

아버지와 헤밍의 첫 만남은 부모님이 약혼했을 무렵인 1954년으로 거슬러 올라간다. 요세미티에서 각자의 등반을 즐기던 두 분은 로어캐시드럴스파이어Lower Cathedral Spire에서 발생한 사고에 구조대원으로 참가하면서 첫 인연을 맺게 되었다. 그 후 두 분은 미국과 캐나다 서

　　　　　　　　　　　　　　　　　　게리 헤밍

부의 봉우리들을 함께 등반하면서, 오래된 부부처럼 티격 태격하며 때로는 경쟁 상대로 서로의 약점을 찾아내거나 내가 더 잘났다며 나서기도 했지만, 무슨 일이라도 생기면 항상 힘을 합쳐 함께 헤쳐나가곤 했다. 헤밍은 미국 전역 을 누빈 초창기 등반족 중 하나로, 훗날 많은 등반가들이, 특히 가장 이상주의적이고 열정적인 시기에 추종하곤 했 던 그런 삶을 살았다. 방랑을 멈추지 않았던 헤밍은 가족 이라는 울타리에 갇혀 청춘의 자유를 포기한 나의 아버지 를 이해하지 못했고, 심지어는 어머니의 존재에 대해서까 지 불평을 서슴지 않았다.

1961년 어느 날 아침 독일 베른카스텔Bernkastel의 우 리 집에서, 같은 대문을 쓰는 호프만 부인Mrs. Hoffman이 지저분한 수염과 꾀죄죄한 복장으로 정원에 잠들어있는 헤밍을 발견했다. 그 후 그는 우리와 몇 주를 함께 지내다 학업을 위해 프랑스 그레노블의 대학으로 돌아갔다. 헤밍 이 집에 머무는 동안 두 분은 여름 시즌 등반계획을 세웠 고, '고소우주실험실High Altitude Space Laboratory'이라는 꿈같은 프로젝트를 기획했다. 이 아이디어는 당시 어떤 미 국인도 오르지 못한, 세계에서 두 번째로 높은 파키스탄의 K2 봉우리에 우주비행사 훈련용 실험실을 만들자는 것이 었다. 두 분은 실험실도 만들고 K2도 오르는 이 프로젝트를 이듬해에 실제로 추진하려 했다.

결국 자금 조달 실패로 고소우주실험실은 꿈에 그치고 말았지만 두 분은 함께 열렬히 등반했고, 헤밍은 여전히 독일과 스위스 레장Leysin에 있는 우리 집을 드나들며 방랑자 생활을 이어갔다. 1966년 아이거 다이렉트Eiger Direct 등반 중 아버지가 사망하자, 헤밍은 스위스의 우리 집에서 잠시 기거하며 나와 여동생에게 그 역할을 대신해 주려 하기도 했다. 그리고 그때가 헤밍을 본 마지막이었다. 성인이 되고 이 책의 초판을 읽기 전까지 나는 그를 잘 알지 못했다.

산의 방랑자들 중 가장 흥미로운 인물에 대해, 전설적인 그의 등반보다도 훨씬 더 복잡하고 매력적인 내면의 세계를 잘 풀어내준 미렐라 텐데리니에게 감사의 말을 전하고 싶다. 독자들은 분명 이 책을 통해 진정한 모험정신이란 어떤 것인지 깨닫게 될 것이다.

2014년 3월
스위스 레장에서
존 할린 3세John Harlin III

게리 헤밍

게리 헤밍(사진: 톰 프로스트)

제 1 부

드류 구조작업 상황도

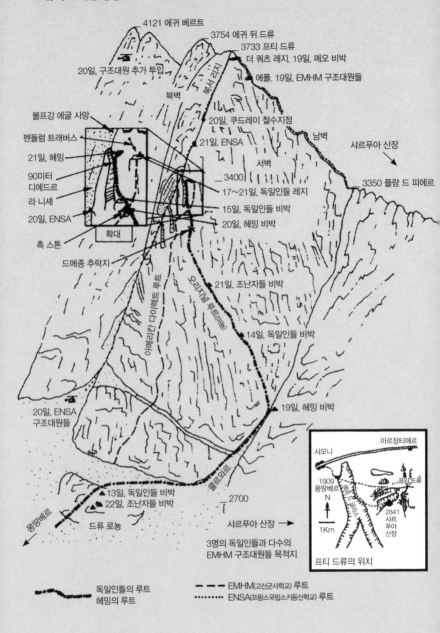

4121 에귀 베르트

3754 에귀 뒤 드류

3733 프티 드류
더 쿼츠 레지. 19일, 메오 비박

에폴. 19일, EMHM 구조대원들

20일, 구조대원 추가 투입

북 서 리지

북벽

볼프강 에글 사망

펜듈럼 트래버스

21일, 헤밍

90미터
디에드르

라 니세

20일, ENSA

촉 스톤

드메종 추락지

20일, 쿠드레이 철수지점

21일, ENSA

남벽

샤르푸아 산장

서벽

—3400

3350 플랑 드 피에르

17~21일, 독일인들 레지

15일, 독일인들 비박

20일, 헤밍 비박

확대

아메리칸 다이렉트 루트

오리지널 루트(하행)

21일, 조난자들 비박

14일, 독일인들 비박

19일, 헤밍 비박

20일, ENSA
구조대원들

13일, 독일인들 비박

22일, 조난자들 비박

드류 로농

몽땅베르

볼로워르

—2700

샤르푸아 산장 →

3명의 독일인들과 다수의
EMHM 구조대원들 목적지

아르장티에르

샤모니

1909
몽땅베르
N

프티 드류

메르 드 글라스

2841
샤르
푸아
산장

1Km

프티 드류의 위치

●—●—● 독일인들의 루트
■ 헤밍의 루트

- - - EMHM(고산군사학교) 루트
••••• ENSA(프랑스국립스키등산학교) 루트

모든 일자는 1966년 8월, 해발고도는 미터
그림: 게리 톰셋Gary Tompsett

CHAPTER ONE

드류 구조작업

"몽블랑 지역에서 지금까지 시도한 것 중 가장 어렵고 위험한 구조작업을 하기 위해 어제 고산군사학교 EMHM 대원들이 출발했다."

1966년 8월 17일 샤모니. 8월 연휴가 끝났지만 여전히 이곳은 많은 사람들로 북적이고 있었다. 『르 도피네 리베레Le Dauphiné Libéré』에 실린 이 헤드라인 기사를 보고 사람들은 4단짜리 기사를 단숨에 읽어내려갔다. 산악인들이 즐겨 찾는 카페는 며칠 동안 이 구조 이야기로 떠들썩했다.

이야기는 두 명의 독일인이 드류 서벽을 오르려 8월

———➤ 1966년 8월 『르 도피네 리베레Le Dauphiné Libéré』의 헤드라인

13일 토요일에 마을을 떠나는 걸로 시작된다. 그들은 벽 아래에서 비박을 하고 다음 날 아침 등반에 나섰다. 날씨는 지금은 괜찮지만 점점 더 나빠진다는 예보가 있었다. 난이도 높은 벽을 빠른 속도로 오를 수 있는 정상급 산악인이 아니라면 1년 중 이맘때 길고 어려운 루트에 도전하는 데는 큰 위험이 뒤따른다. 알프스 서부에서는 8월이면 난폭한 폭풍설이 갑자스레 발생하곤 하기 때문이다. 13일 그날에도 폭풍설이 불어 닥쳐 바누아즈Vanoise에서 한 명이 죽고 두 명이 부상을 당했으며, 당 뒤 제앙Dent du Géant에서도 두 명이 죽었고, 아오스타 계곡에서는 목동 두 명이 낙뢰에 맞아 사망했다.

독일 산악인들은 꽤 잘 올라갔다. 15일 월요일 아침, 기상이 악화되고 기온이 계속 떨어지는데도 그들은 등반을 계속해나갔다. 하지만 진척이 잘 되지 않아 그날 저녁에는 90미터의 거대한 디에드르Dihedral* 밑에서 비박을 해야만 했다.

몽땅베르에서 야영 중이던 친구들은 걱정이 된 나머지 수요일 아침이 되자 국립경찰에 구조를 요청했다. 하늘이 잠깐 맑아진 틈을 타서 헬기 한 대가 그 지점으로 날아갔다. 조종사의 눈에 둘 중 하나가 고정로프를 이용해 펜

---
* 두 개의 바위벽이 안쪽에서 거의 90도로 만나는 곳 〈역주〉

듈럼으로 벽을 건넌 다음 바위 턱 위에 있는 모습이 포착되었다. 다른 하나는 그 몇 미터 아래에서 등반하고 있었다. 곤경에 빠진 것 같아 보이지는 않았고, 어떤 신호도 보내오지 않았다.

몽땅베르의 친구들은 그날 오후 날이 잠깐 갠 틈을 타 망원경으로 그들을 관찰했다. 그들은 여전히 바위 턱에 있었다. 다만 이번에는 그들 중 하나가 서서 옷을 흔들고 있었고, 다른 하나는 지쳐서인지 부상 때문인지 앉은 자세였다. 그들의 위치에서 탈출은 어려워 보였다. 펜듈럼 횡단을 한 곳을 다시 로프에 의존해 올라가야 하는데 발밑이 허공이었기 때문이다. 게다가 위쪽 거대한 오버행으로 이어지는 크랙은 얼음으로 가득 차 있었다.

다음 날에도 그들은 여전히 움직임이 없었다. 몽땅베르의 친구들은 분명 둘 중 하나가 부상을 당했을 거라 판단하고 행동에 나서기로 했다. 이미 구조대를 결성한 고산군사학교는 목요일인 8월 18일 본격적인 구조작업에 돌입, 세 명의 독일 산악인들이 몽땅베르 캠프사이트에서 샤르푸아Charpoua 산장으로 출발했다. 그들은 산장에서 정상에 오른 다음, 북서 리지에서 두 사람이 있는 바위 턱으로 로프를 타고 내려갈 계획이었다. 그게 여의치 않으면 북벽으로 '라 니셰La Niche'라는 설원까지 오른 다음, 보다

정교한 트래버스를 통해 바위 턱으로 가기로 했다. 고산군사학교는 정상에서 로프를 타고 내려가 불운한 조난자에게 접근하기로 했으며, 일군의 가이드들이 플람 드 피에르 Flammes de Pierre 스퍼의 3,500미터 지점에 있는 넓직한 '에폴Epaule'에 캠프를 세우기 위해 급히 떠났다. 또한 많은 공무원과 장교들, 그리고 고산군사학교에서 특별과정을 밟고 있던 학생들은 샤르푸아 산장에 캠프를 치고 도울 준비에 들어갔다.

다시 한번 날씨가 나빠질 조짐이 보였다.

"두 명의 독일 산악인은 여전히 드류 서벽에서 꼼짝도 못하고 있으며, 폭설과 강풍으로 구조작업이 중단되는 바람에 구조대원들은 정상에서 비박 중이다."

8월 19일에는 오후 5시부터 눈이 계속되는 와중에 고산군사학교 구조대원 16명이 에폴에 도착했다. 보통 때라면 그 지점에서 서벽에 있는 산악인들을 볼 수 있지만, 눈발과 안개로 시야가 흐려져 두 사람의 상태가 어떤지 전혀 알 수가 없었다. 고산군사학교 출신의 가이드 메오Méhot와 가이드 훈련생 세 명은 남벽의 노멀 루트를 통해 프티 드류 정상으로 가고자 했다. 저녁 8시 그들은 정상에서 50

미터쯤 아래에 있는 '더 쿼츠 레지The Quartz Ledge'에 도착해 그날 밤을 거기서 보냈다.

고산군사학교의 대장으로 구조작업을 지휘하고 있던 고네Gonet 대령이 샤르푸아 산장에 본부를 차리고 수석 강사 샤를 제르멩Charles Germain이 출동 준비를 마쳤다. 하지만 당장 그들이 할 수 있는 일은 아무것도 없었다.

그 두 사람은 과연 어떻게 됐을까? 여전히 살아 있을까? 친구들의 말에 의하면 그들은 3일분의 식량을 가지고 떠났는데 벌써 8일째가 되었다고 한다. 혹한의 날씨에 7일 밤을 벽에서 비박으로 버티고 있는 것이다. 주위에 눈과 얼음이 있다 해도 물이 부족할 것이기 때문에 분명 심한 갈증도 느끼고 있을 거다. 혹시 부상을 당한 건 아닐까?

그날 아침 일찍 헬기 조종사가 상공을 비행하며 목격한 바에 의하면 그들은 움직이고 있었고, 여전히 살아있었다.

악천후에도 구조작업은 계속되었다. 그리고 이제는 정상으로 가려는 사람들이 수십 명으로 늘어났다. '더 쿼츠 레지'에서 비박을 한 네 명의 가이드들은 서벽을 횡단해 북서 리지 쪽으로 가고자 했다. 불규칙한 홀드들이 보이지 않을 정도로 바위에 두꺼운 눈과 얼음이 덮여 있어서 후속 구조대원들용으로, 혹은 날씨가 나빠졌을 때 탈출용으로 고정 로프를 설치하기가 거의 불가능했다. 하지만 이런 조건에서도 상황을 낙관적으로 판단한 메오는 "오후에는 접근 가능할 것 같다."라고 무전기를 통해 알렸다.

그러나 곧 다시 눈이 내리기 시작했다. "시야가 완전히 가려져 있어 중단할 수밖에 없다." 메오는 눈이 그치자마자 다시 출발하려 했으나, 트래버스를 하는 데 로프를 다 써버리고 말았다. 후속 구조대원들이 더 가져오지 않으면 리지에 도착해도 그곳에서 안전하게 하강할 로프가 부족한 상태였기에 그는 무전기에 대고 말했다. "로프가 더 필요하다, 서둘러 올라와 달라."

로프와 피톤을 갖고 샤르푸아 산장을 출발한 네 사람은 바위에 얇게 덮인 얼음과 눈 때문에 전진에 애를 먹어야 했다. 오후 5시 30분이 되어서야 메오가 있는 곳에 간신히 도착했으나 또다시 폭풍설이 몰아쳤다.

서쪽 리지를 따라 내려가는 방식으로 두 독일인을 구조하고자 모두가 바쁘게 움직이는 동안, 일부는 벽의 아래쪽에서 곧장 그들에게 접근하려는 시도를 했다. 가장 어렵지만 수직에 가까운 루트인 덕분에 그곳에선 눈의 영향을 거의 받지 않을 수 있었다. 게리 헤밍Gary Hemming은 1962년

같은 미국인인 로열 로빈스Royal Robbins와 함께 '아메리칸 다이렉트American Direct'를 개척한 바도 있어 드류 서벽을 아주 잘 알고 있었다.

8월 18일 헤밍은 친구이자 등반 파트너인 로타 마우흐Lothar Mauch와 함께 쿠르마예Courmayeur로 갔다. 이탈리아 쪽 몽블랑은 날씨가 좋아서 얼마 동안 계획한 루트들을 등반하기에 최상의 조건이었다. 돈을 긁어모아 몽블랑 터널의 통행료를 내고는 쿠르마예에 도착해 커피를 한 잔 마시며 『르 도피네 리베레』를 보고 있을 때였다. 헤밍이 아차, 하며 말했다. "이런, 멍청하기는! 샤모니를 떠나기 전에 조난당한 독일인들에 대해 물어본다는 걸 깜박하고 말았네.*"

마우흐는 계획을 바꾸자는 말에 크게 반대하지 않았다. 다만 미리 생각하지 못해 터널 통행료로 60프랑을 날리고, 샤모니로 돌아가는 데 더 많은 돈을 써야 한다는 것에만 투덜거렸다. 그는 너그러운 친구였다. 샤모니에만 있었다면 그도 분명 주저 없이 구조작업에 뛰어들었겠지만, 지금은 알프스의 반대편에서 환상적인 날씨 속에 멋진 등반을 기대하고 있던 차였는데…. 게다가 이미 많은 사람들이 구조작업을 벌이고 있었기 때문에 두 독일인들이 몹시

───• 『파리마치Paris March』에 게리 헤밍이 쓴 글에서 인용

위험하진 않을 것 같았다.

　"로타, 네 말이 맞아, 내가 뭐라고 할 수 있겠어. 돌아가고 싶지 않다면 나라도 차를 얻어타고 갈게. 원한다면 같이 얻어타고 돌아가도 터널 통행료는 들지 않을 거야. 내겐 달리 선택의 여지가 없는 것 같아. 경험이 많은 나로서는 이런 어려운 구조에 책임감을 느껴. 산악인이라면 모두 구조작업에 참가해야지, 가이드나 군인들에게 떠넘길 일은 아니라고 생각해. 그리고 어쨌든 이렇게 생각해봐. 이건 정말 힘들고도 대단한 작업이야. 에귀 누아르Aiguille Noire 남벽을 오르는 것보다 훨씬 어마어마한 일이라구. 그 남벽은 그저 또하나의 정상일 뿐이잖아? 이 구조작업은 위대한 등정이고 진정한 모험이야. 다른 무엇보다도 두 사람, 두 동료의 목숨이 달려있어. 우리가 해내기만 한다면 바람 거센 정상에 오르는 것보다 훨씬 더 큰 의미가 있을 거야, 안 그래?"

　마우흐는 고개를 끄덕였다.

　이렇게 샤모니로 돌아온 게리 헤밍은 자신의 아이디어를 고산군사학교 대원들에게 설명했다. 독일인들과 같은 루트를 오른 다음 '아메리칸 다이렉트'로 하강한다는 것이었다. "모든 장비가 제대로 설치돼 있어야 합니다. 수직의 15피치에 맞는 튼튼한 이중 로프라야 해요. 눈사태나

낙석의 위험이 전혀 없는 루트에서는 기술 등반만 잘 하면
됩니다."

대원들의 반응은 전혀 우호적이지 않았다. 우리 일에
웬 참견이냐는 것이었다. "이미 모두 위에 다 있어요." 그
들이 헤밍에게 말했다. "그래도 올라가볼 겁니다, 무전기
나 좀 빌려주시죠." 잠시 불평을 하긴 했지만 그들은 결국
무전기 한 대를 넘겨주었고, 헤밍은 친구들로 팀을 꾸렸다.
샤모니 출신의 두 젊은 가이드 훈련생 질 보댕Gilles Bodin
과 프랑수아 기요François Guillot, 그 전해 악천후 속에서
부상당한 동료를 데리고 '아메리칸 다이렉트'를 하강한 경
험이 있는 영국인 믹 버크Mick Burke, 며칠 전에 만난 독일
인 게르하르트 바우어Gerhard Baur가 바로 그들이었다. 모
두 여섯 명으로 꾸려진 이 팀은 배낭에 로프와 식량과 충
분한 물을 담고 출발했다.

19일 금요일 오후 2시, 그들은 쿨르와르 상단에 도착
했으나 눈이 내리기 시작해 그곳에서 비박을 해야만 했다.

토요일 아침이 되어 아직 그곳을 뜨기 전, 아래쪽에서
소리가 들렸다. 누군가 같은 생각으로 올라오고 있었던 것
이다. 바로 르네 드메종René Desmaison과 뱅상 메르시에
Vincent Mercié였는데 이들 중 드메종은 몽블랑 산군 전문
가였다. 드류를 거의 외우다시피 하는 그는 1957년에 그

서벽을 동계 초등하기도 했다. 산악가이드로서 수많은 구조작업에 참가한 경력이 있는 드메종은 샤모니의 프랑스 국립스키등산학교ENSA가 구조작업을 놓고 시간을 질질 끌자 화가 치밀었다. 신중해였을까? 아니면 고산군사학교와의 경쟁의식 때문에? 그러나 드메종은 그저 기다리고만 있을 수가 없었고, 메르시에가 준비를 마치자 함께 바로 출발했다.

그래서 이제 팀은 모두 여덟 명이 되었으며, 하나의 팀으로 움직이기에는 인원이 너무 많아 두 그룹으로 나누기로 했다. 배낭이 가벼운 그룹은 그들의 말마따나 이제 '난파선'이 된 두 독일인에게 가능한 빨리 가기로 했고, 나머지는 장비와 식량을 갖고 뒤따르기로 했다.

"드류 서벽에서 두려움에 떨고 있던 두 독일 등반가는 혜밍-드메종 팀에 빨리 와달라고 소리쳤다."

그때쯤 거의 모든 구조대원들이 '난파선'이 된 독일인들에게 가까이 접근했는데, 그들은 기적적으로 여전히 살아있었다. 민방위와 경찰의 헬기 조종사들은 가능할 때마다 그 지점 위로 날아올라 고무적인 소식을 전했다. 두 독일인이 살아있으며, 여전히 스스로 움직이면서 신호에 반응한다는 것이었다. 제네바 출신의 조종사이자 가이드인 레이몽 랑베르Raymond Lambert* 역시 독일 방송국 소유의 필라투스 포터 경비행기를 몰고 과감한 수색 비행을 펼쳤다. 이제 뉴스가 전국적으로 신문에 보도되고, 프랑스 TV 방송국은 구조 현장을 생중계하기까지 했다.

금요일에는 ENSA의 장 프랑코Jean Franco 교장과 샤모니가이드조합의 피에르 페레Pierre Perret 조합장, 프랑스산악연맹의 뤼시앙 데비Lucien Dévies 회장 간에 '고위급' 회의가 열렸다. 그들은 국립등산학교 출신의 이브 폴레빌라르Yves Pollet-Villard와 이본 마시노Yvon Masino, 샤모니 출신의 가이드 제라르 드부아수Gérard Devouassoux와 크리스티앙 몰리에Christian Mollier로 새로운 팀을 꾸려 올려 보내기로 결정했으며, 이 팀은 토요일에 헬기를 타고 북벽 밑으로 갔다. 독일인들에게 다가가는 유일한 길은 가장 쉬운 루트를 통해 그 바위 턱으로 트래버스를 하는 것이라는 데 모두가 동의했기 때문이다.

오후 3시 30분, 폴레빌라르는 자신들이 순조롭

---

* 스위스 산악인 레이몽 랑베르는 1952년 5월 텐징 노르가이와 함께 에베레스트 정상 250미터 아래까지 도달했으나 끝내 돌아서고 말았다. 이어 그는 가을에 텐징 노르가이와 함께 다시 도전에 나섰으나 역시 발길을 돌려야 했다. 그리하여 역사적인 에베레스트 초등은 1953년 5월 29일 영국 원정대의 에드먼드 힐러리와 텐징 노르가이에게 돌아갔다. 〈역주〉

게 전진하고 있으며, 헤밍과 드메종과 거의 동시에 마뇽 Magnone 루트(서벽에 최초로 개척된 이 루트는 '아메리칸 다이렉트'보다는 덜 직선으로 돼 있다)의 끝 지점에 도착할 수 있을 것 같다고 무전했다.

그러는 동안, 북서 리지에 있던 메오와 그 일행은 로프 작업이 벽을 곧장 오르고 있는 구조대원들에게 낙석을 일으킬지 모르니 철수하라는 지시를 받았다. 이에 가이드 훈련생 중 하나인 쿠드레이Coudray는 "모든 게 순조롭게 잘되고 있는데!"라며 항의했다. 그도 그럴 것이 이미 120미터를 하강해 동료들을 위해 로프를 고정시켜 놓은 상태였기 때문이다. 하지만 지시는 지시인지라 메오 팀은 철수할 수밖에 없었다.

헤밍과 그 일행은 가장 어려운 피치 중 하나인 40미터 벽에 피톤을 박으며 올라갔다. 그곳은 이전 등반들에 사용된 피톤과 나무쐐기가 그대로 박혀 있는 크랙으로 이어지는 피치였으며, 드메종의 체중에 피톤 하나가 빠졌다.

"추락! 붙잡아!" 드메종의 비명이 울려퍼지고 모두가 그 자리에 얼어붙었다. 맙소사, 제발! 또 다른 사고가 일어나선 절대 안 되었다. 다행히 메르시에가 드메종의 추락을 가까스로 멈췄다. 멍이 들고 찰과상을 입긴 했어도 심각한 부상은 피한 드메종은 다른 사람들과 함께 괜찮은 바위에 도달할 수 있었다. 바위투성이의 작은 쿨르와르에 박힌 커다란 바위였는데, 마침 어두워지고 있을 때라 그 위에서 비박을 하기에 안성맞춤이었다.

헬기들이 새로운 구조대원들을 태우고 전략적 거점으로 날아왔다. 로프를 타고 북벽으로 하강하면 안전할 것 같았다. 드류는 이제 포위된 것이나 매한가지였다.

"구조 완료! 마침내 헤밍과 드메종은 드류 서벽에서 7일 밤을 비박으로 버틴 두 독일인에게 다가갔다."

오전 6시. 게리 헤밍과 프랑수아 기요는 자신들과 두 독일인 사이에 있는 마지막 장애물인 펜듈럼 트래버스 쪽으로 재빨리 이동하여 마침내 그곳에 도달했다. 두 독일인은 부상을 당하지 않았고 움직일 수도 있었다. 르네 드메종은 하강을 위해 바위 모서리에 머물면서 우선 헤밍과 기요가 두 생존자를 데리고 펜듈럼 트래버스 구간을 되돌아올 수 있도록 도왔다. 일단 까다로운 이 작업을 끝내고 작은 바위 턱에 다시 모인 그들은 두 독일인에게 뜨거운 음료와 마른 옷을 건넸다. 그들의 이름은 하인츠 라미쉬 Heinz Ramisch와 헤르만 슈뢰텔Hermann Schriddel이었다. 얼마 전 샤모니에서 우연히 만나 평생 잊지 못할 시련을 함께 겪은 셈이었다. 몽땅베르에 있던 다른 독일인들도 며칠 전까지는 잘 알지도 못하는 사이였지만 이들을 구조하기 위해 모두 힘을 합쳤다. (테라스에서 재회한 것을 몰랐던 독일인들의 친구 볼프강 에글Wolfgang Egle은 이때 이중 로프로 북벽을 하강하고 있었다. 눈과 얼음이 많아 지쳐 있는 상태에서 그는 아마도 작전 실패로 로프에 감겨 중간에 걸려 있었다.)

혜밍 일행은 우선 라미쉬와 슈뢰델을 내리는 데 집중했다. 폴레빌라르가 북벽의 모서리에 도달하여 계곡에 있던 '합동 대장'으로부터 "두 독일인을 북벽 아래로 내리라."는 지시를 받았다. 하지만 르네 드메종은 이런 지시를 일거에 묵살했다. 이미 탈진해 있는 두 생존자가 트래버스를 하기란 불가능해 보였으며, 더욱이 일련의 로프 도르래 작업을 통해 그들을 다른 벽으로 이동시키는 데도 아주 많은 시간이 소요될 것이었다. 그리고 또 다른 폭풍설에 휘말릴 수도 있었다. 가장 좋은 방법은 자신들이 올라온 루트로 그들을 바로 하강시키는 것이었다. 혜밍은 드메종의 생각에 동의하고, 복잡하지만 안전한 일련의 작업들을 시작했다. 오후 4시, 10명 모두가 머물 수 있는 작은 테라스에 도달한 그들은 그곳에서 비박을 하기로 했다. 그날 밤 또 한 번 폭풍설이 몰아쳤다. 번개가 드류를 사정없이 내리쳐, 바위벽에 고통스럽게 웅크려 달라붙어 있던 산악인들에게 정전기를 흩뿌렸다. 다행히 모두 피톤에 확보를 하고 있어 테라스에서 나가떨어진 사람은 없었다. 눈이 내리기 시작했다. 일행은 동이 트기 직전 모두 내려갈 채비를 끝냈다. 다행히도 날씨는 좋아졌고, 작전대로 느리지만 안정적으로 하강 작업을 해나갈 수 있었다. 그리고 어두워질 무렵 그들은 벽 아래의 드류 빙하에 도착했다.

한 번 더 비박을 해야 했지만, 이번에는 안락한 텐트 안에서 보송보송한 다운침낭 속으로 기어들어갈 수 있었다.

CHAPTER TWO

영웅의 탄생

여러 날 동안 구조작업을 애타게 지켜보던 대중들은 이제 구조대원들을 가까이서 보고 싶어 했다. 많은 사람들이 드 류 빙하에서 그들을 기다렸으며, 다음 날 헬기로 샤모니에 도착하자 훨씬 더 많은 군중이 몰려들었다. 성공적인 구조 와 생존자들, 구조대원들을 위한 축가가 마을에 울려퍼지 고, 무엇보다 사람들은 결정적인 순간의 영웅이었던 게리 헤밍을 축하하고 싶어 했다.

　신문들은 그의 이름으로 도배가 되고, 그만이 TV에 소개되었다. 마치 혼자서 구조작업을 다 해내고, EMHM 과 ENSA, 민방위대는 힘을 전혀 쓰지 못한 것처럼…. 심 지어는 구조작업 동안 최선을 다하고 독일인들에게 밑에

　　　　　　　　　　　　　　　　　　　게리 헤밍

서 접근하자는 결정적 아이디어를 헤밍과 공유했던 르네 드메종을 비롯한 헤밍의 동료들조차 무시되었다. 지역 신문들은 반기를 들었다는 이유로 가이드조합에서 제명된 드메종의 스캔들에 대해 몇 줄의 기사를 별도로 싣기도 했는데, 이는 체면을 구긴 당국의 치졸한 복수에 불과했다. 유명 산악인이었던 드메종에 대해서는 이 구조작업에서 결정적 역할을 했음에도 불구하고 오히려 부당한 평가만이 두드러졌다. 그리고 그 와중에 모두의 눈길은 한 미국인에게 쏠렸다. 모두가 그와 함께 사진을 찍고 싶어 했고, 모두가 그와 인터뷰하기를 원했다. 모든 사람들이 헤밍에 대해 이야기했다.

『파리마치』의 기자가 구조작업 보도를 위해 샤모니로 왔다. 게리 헤밍의 활약에 집중된 전날의 뉴스에 영향을 받은 것이 틀림없었다. 헤밍을 만난 기자는 그의 외모에 깊은 인상을 받았다. "처음 만났을 때 가장 눈길을 사로잡은 한 가지를 꼽으라면, 그건 그의 키가 아니라 뼈만 남은 듯 모든 각이 살아 있는 호리호리한 몸매였다. 게다가 인형처럼 붉은색이 도는 어마어마한 금발머리가 머리에서 위로 뻗어 사방으로 고르게 흘러내린 모습이라니…. 앞머리에 그림자 진 도도하고 밝은 두 눈 사이에 우뚝 솟은 코는 어렴풋하고 애매한 그의 표정을 도드라지게 한다. 빨간 점퍼, 천을 덧댄 반바지, 대충 입은 옷 등 ⋯." 그는 몇 년 동안 여름 시즌마다 이런 모습으로 샤모니에 나타났다. 몽블랑에서의 루트 개척 덕분에 산악인들 사이에선 낯익은 얼굴이었으나 일반인들에게는 당시까지만 해도 생뚱맞은 부랑자에 지나지 않았다.

하지만 『파리마치』의 피에르 조프로이Pierre Joffroy 기자를 사로잡은 건 헤밍의 외모만이 아니었다. 헤밍에게서 깊은 인상을 받은 조프로이는 이 미국인에게 특집기사를 쓰게 하고 싶었다. 헤밍은 글을 잘 쓰지도 못한다며 거절했지만, 사실은 너무 지친 상태였다. 조프로이는 참을성 있고 끈질겼다. 그는 '호텔 드 파리Hotel de Paris'까지 따라와 헤밍이 기사를 쓸 때까지 곁을 떠나지 않았으며, 결국 그 기사는 대성공을 거뒀다. 1960년대의 간결하고 톡톡 튀는 양식으로 쓰인 그 글은 생생한 이미지와 참신한 내용으로 굉장히 매력적이었다. 과거에는 등반 사건에 대해 이렇게 쓰인 기사가 없었다. 그는 대부분의 독자들이 잘 이해하지 못하는 세세한 기술적 설명은 최소화하고, 베트남전쟁과 튀르키예 지진같이 세계 곳곳에서 일어나고 있는 일들을

───▸ 피에르 조프로이가 『파리마치』에 쓴 "드류의 폭풍설 속에서 영웅은 바로 나야"에서 인용

비롯해 인간적인 이야기를 부각시켰다.

피에르 조프로이는 헤밍의 발견을 매우 반갑게 여겼다. 작가이며 예술가들의 친구이자 동시에 그 자신도 예술가인 조프로이는 젊은이들이 재능을 발휘할 수 있도록 뒷받침해준 경험이 있었다. 그리고 지금 그는 헤밍에게서 발견한 새로운 재능을 열정적으로 지원했다. 그는 그 후 몇년 동안 헤밍을 격려하고 도와주며, 헤밍이 죽은 후에도 중요한 역할을 한다.

샤모니에서의 며칠 동안은 물론이고, 나중에 파리로 돌아왔을 때도 헤밍은 현기증이 날 정도로 유명세를 치렀다. 그의 얼굴은 많은 잡지의 표지와 TV를 장식했다. 그를 알아본 사람들은 길에서 붙잡고 인사를 하고 사인을 요청했다. 택시 기사들은 그에게 인사를 하기 위해 차를 세웠으며, 소년들은 그의 뒤를 따라다니며 옷에 매달렸다. 그와 사랑에 빠졌다고 주장하는 여인들로부터 수십 통의 편지를 받기도 했다.

처음에는 이런 현상이 재미있고 자연스레 우쭐해지기도 했다. 하지만 내면 깊숙이는 가장 좋아하는 잭 런던Jack London의 등장인물 마틴 에덴Martin Eden처럼, 자신의 영광의 순간에 대한 신랄하고 냉소적인 생각을 떨쳐낼 수 없었다. "나는 여전히 이전과 같은 사람이다. 이전의 나와 마

찬가지로 지금의 나는 나라는 존재일 뿐이다. 그때는 사람
들이 왜 나를 알아차리지 못했을까? 왜 나를 외면하고 불
쌍히 여겼을까?"

마리Marie는 어떻게 생각할까? 부모님은? 그들도 신문을
읽고 TV도 볼 텐데….

　　마리는 헤밍의 인생에서 잃어버린 사랑이었다. 그는
1962년 샤모니에서 그녀를 처음 만났다. 그들은 몇 달 후
에 헤어졌고, 그 후로도 아주 여러 번 만나고 헤어지기를
반복했다. 하지만 얼마 전 마리는 가족이 보호해주는 환경
을 신뢰한다며, 더 이상의 만남을 거부했다. 헤밍은 약자의
편에 서서 모험을 찾아다니던 떠돌이 기사였다. 그의 본명
이, 역시 슬픈 운명으로 고통 받았던 오크니Orkneys의 왕
자이자 아서왕의 기사였던 가레스Gareth였다는 건 실로 기
막힌 우연의 일치다. 전사 헤밍은 이상이 없이는, 이상적
사랑이 없이는 살 수가 없었다. 그리고 그때 이상적 사랑
인 마리는 그를 만나주지도 않고 대화도 거부했다. 사랑하
는 이의 관심을 끌기 위해 무슨 짓인들 못하겠는가. 단독
등반이든, 세상 끝까지 달려가는 여행이든, 아무런 문제도
되지 않았다. 그는 그녀에게 바친 헌신적인 행동들에 대해
수백 통의 편지를 썼다.

그리고 지금, 계획에도 없던 대단하고 고상한 행동을 해서 모두가 그를 인정하고 있다. 그렇다면 이제 마리는 그를 만나려 할지도 모른다.

헤밍은 파리로 돌아오자마자 그녀가 살고 있는 퐁트네Fonteney로 갔다. 차마 미리 전화는 할 수 없었다. 편지를 썼지만 답장도 받지 못했다. 그래도 만약 만나주기만 한다면 대화를 거부할 것 같지는 않았다 … 아니, 거부할 수 없을 것 같았다. 하지만 마리는 거절했다. 헤밍은 그녀에게 말하고, 대화하고, 설명을 해야만 했다. 그리고 그녀는 설명을 피해서는 안 되고, 그와 얘기를 나눠야만 했다…. "언젠가는 미국인도 베트콩과 대화해야 할 때가 온다. 마리는 나와 꼭 얘기를 해야만 한다." 그녀가 집에 있다는 사실을 안 헤밍은 주저없이 담을 넘었고, 그녀의 부모는 경찰을 불렀다.

결국 그는 훈방조치 되었다. 경찰들도 다 아는 국가적 영웅을 어떻게 감옥에 보낸단 말인가? 불법침입이 맞다고 해도 그건 어디까지나 로맨스 때문이 아닌가? 어쨌든 이 소식은 피에르 마조Pierre Mazeaud(유명한 알피니스트이자 히말라야 산악인이고, 작가이며 영향력 있는 정치인)의 귀에까지 들어갔고, 결국 그가 헤밍을 위해 보증을 서 주었다.

영광의 시기 동안 헤밍은 작가로 성공할 수도 있었다. 언제나 열정적으로 글을 쓰는 그에게는 두 개의 소중한 프로젝트가 있었는데, 하나는 캘리포니아 자유등반을 연구하는 것이고, 다른 하나는 『편린의 조각들Patchwork of Research』이라는 흥미로운 제목의 자서전을 쓰는 것이었다. 이 책은 등반가이자 한 남성인 자신의 경험에 대한 것으로 이미 영어로 반쯤 써놓은 상태였다. 파리의 한 출판사가 당대의 영웅이 책을 쓰고 있다는 점에 끌려 헤밍과 계약을 한 다음, 그에게 소정의 선인세를 지불하고, 아파트를 빌려주고, 타자기를 마련해주고, 번역을 담당할 사람까지 붙여줬다. 헤밍은 자신이 믿는 모든 것에 그러하듯 열정적으로 자서전 집필에 몰두했으며, 얼마 후 원고를 끝낼 수 있었다. 하지만 불행하게도 산악서적을 기대했던 출판사가 받게 된 것은 편지와 봉투들, 메모들, 스케치들, 비행기표와 버스표들, 시들, 그리고 난잡하게 적힌 쓸데없는 잡동사니 글들뿐이었다. 헤밍은 자기 작품의 가치에 대해 확신하고 있었다. 그만의 생각과 이야기를 그대로 보여주는 것이기 때문이다. 이 작품이야말로 자기 삶의 단편들이자 존재 그 자체으며, 편지 봉투나 오래된 스크랩들조차도 버려서는 안 되는 것들이었기에, "내가 바로 나의 쓰레기통이다."라는 극단적인 선언을 하기도 했다.

혜밍은 1960년 미국을 떠난 이후 이렇다 할 정착지가 없었다. 친구들과 어울려 여기저기 살았으며 유일한 주소는 우편사서함이었다. 그는 센강의 다리 밑에서 "여기가 바로 내가 사는 곳이야."라고 쓴 다음, 그곳 소인이 찍힌 우편엽서를 즐겨 보내곤 했다. 하지만 친구들의 집에는 그가 쓴 글들이 수북했다. 그가 쓴 일기와 받은 편지들, 그가 쓴 편지의 복사본과 서류들, 자격증들, 신문 스크랩들, 편지의 초안들, 스케치들, 그리고 계획과 꿈들이었다. 그는 여행을 하게 되면 모든 것들을 갖고 가거나 친구들에게 남겨놓곤 했는데, 그럴 때면 언제나 목록을 꼼꼼히 정리해두었다. 『편린의 조각들』은 그의 인생의 총합이라 할 수 있는 이런 서류들의 집합체였다. 하지만 출판사로서는 매우 당황스러운 일이었으며, 결국 '전문성 문제'를 이유로 책을 내지 않기로 결정했다.

이렇듯 실패하긴 했지만, 만약 혜밍이 드류 구조작업으로 명성을 얻지 못했다면 이런 기회조차 없었을 것이다.

명성은 마치 독주와도 같아서 들이키는 순간에는 그 쓰디쓴 뒷맛을 생각하지 못하고, 알콜이 떨어지면 심각한 금단 증상을 겪을 수 있다. 혜밍의 친구들 중에는 명성으로 그의 머리가 흐트러졌다고 생각하는 사람들이 많았다. 콧대가 높아져서가 아니었다. 헤밍은 자신을 칭송하던 사람들의 조롱은 진지하게 받아들였지만, 즉시 인정을 받지 못하거나 답이 진지하지 못하면 몹시 화를 냈다. 결국 그는 먼저 소개 받고 축하 받는 데 익숙해졌던 것이고, 게다가 그것은 주변사람들로부터 관심을 받고 싶다는 그의 모순된 본성의 일부였다. 따라서 자신의 존재가 점차 안개 속으로 사라져간다는 것을 느꼈을 때 그는 몹시도 슬퍼했다.

피에르 마조는 헤밍이 결국은 명성의 덫에 걸려 죽었다고 확신했다. "게리는 심오하고 감수성이 예민하고 정열적인 사나이였다. 그는 드류 구조작업과 그 사건을 떠들썩하게 다룬 신문들로 인해 얻게 된 가짜 명성 때문에 큰 고통을 받았다. 무엇보다도 인기로 사생활이 침해당해 고통을 받았고, 나중에는 따돌림과 멸시로 고통 받았다. 게리가 미국으로 돌아갔을 때 친구들은 그의 달라진 위상에 놀라움을 금치 못했다. '이봐, 내가 바로 그 영웅이라구!' 이런 착각들이 죽음의 유일한 원인은 아니겠지만 적어도 그의 죽음을 재촉했다고 나는 믿는다."

법률가이자 문화에도 조예가 깊은 마조는 프랑스 정부의 장관과 법률자문을 맡고 있었다. 그는 또 산악인으로서 몇 해 동안 헤밍과 가깝게 지냈는데, 덕분에 헤밍은 샤모니와 파리 빅투아르 거리에 있는 그의 집에서 가끔 머물기도 했다. 피에르 마조는 헤밍의 매력을 잘 알고 있었다. "그는 내 인생을 풍요롭게 하고, 인류에 대한 인식의 폭을 넓혀주었으며, 경험에 새로운 의미를 가져다주었다. 그를 만나지 못했다면 사람과 사물에 대해 지금과 같은 철학적 인식을 갖지 못했을 것이다."

피에르 마조는 말을 할 때 정면을 응시하며, 마치 파리의 마레지구에 대한 자신의 명쾌한 연구를 차분하게 설명하 듯 신중하게 언어를 선택하는 사람이었다. 대중 앞에서 말을 할 때는 분명 그런 식이었다. 하지만 겸손하고 세련된 이 웅변가의 내면에는 여전히 강렬한 감정이 불타오르고 있었다.

그것은 헤밍을 추억하는 친구들이 20년간이나 계속해서 품고 있는 감정과 같은 것이었다. 오랜 시간이 흘렀는데도 그렇듯 강렬한 감정이 전혀 사그러들지 않았다는 사실은 정말이지 놀랍다. 그는 도대체 어떤 사람이었기에, 자신을 아는 사람들의 영혼에 이토록 깊은 인상을 남길 수 있었던 것일까?

CHAPTER THREE

유별난 거짓말쟁이

드류 구조작업 이후 헤밍은 몇 달간 파리에 머물렀다. 출판사에서 얻어준 작은 아파트로 들어가기 전까지는 마조와 조프로이의 집에서 지냈으며, 미국에서 매달 받는 적은 돈으로 언제나처럼 빠듯하게 살았다. 그 돈은 한국전에 참전한 노병에게 지급되는 연금으로, 그의 말에 따르면 한국 땅에는 발도 들여놓지 않았는데도 나온다고 했다. 혹은 어머니가 매달 조금씩 보내주는 돈이라고도 했다.

사생활에 대해서는 나이조차 밝히지 않을 정도로 매우 비밀스러운 사람이었다. 나이를 물으면 "오늘 난 쉰 살입니다. 하지만 어젠 스물다섯이었습니다." 라고 대답하곤 했다. 습관적으로 그는 실제보다 나이가 어리다고 주장

게리 헤밍

했지만, 이는 어린 척 하려는 게 아니라 자기 개인정보를 캐려는 사람에 대한 짜증에서 나오는 말이었다. 마치 이런 정보를 공개하는 것이 자기만의 것, 즉 자신의 영혼에 대한 접근을 낯선 사람에게 허용이나 하는 것처럼 말이다. 그래서 그는 자신의 어린 시절을 절대 입 밖에 내지 않았으며, 설령 그렇다 하더라도 아주 애매하게 얘기하곤 했다. 구조작업 한 달 후에 이뤄진 『엘르Elle』지와의 인터뷰 도중, 마약에 대해 질문을 받은 그는 서슴없이 대답했고, 사실 LSD에 대한 찬사를 늘어놓기도 했다. 하지만 나이에 대한 질문을 받자 그는 역시 거부했다. "난 나이를 모릅니다. 그런 질문에는 대답하지 않겠습니다." 가족에 대한 질문도 회피했다. "아버지는 건달이었고 어머니는 성인聖人이었습니다." 어떤 친구들에게는 아버지가 싱싱Sing Sing 감옥에 있다고 하고, 또 다른 친구들에게는 앨커트래즈Alcatarz 감옥에 있다고 말했다.

혜밍이 학교에 들어가기도 전에 부모가 이혼한 걸 보면, 아버지가 법적인 문제에 휘말렸을 가능성이 있다. 매우 보수적인 어머니는 혜밍이 학교 친구들로부터 죄수의 아들이라고 놀림 받는 걸 참지 못했을 것이다. 그러나 이혼 사유는 더 간단했을 수 있다. 남편이 그녀 곁을 떠났거

———* 1966년 10월 13일자 『엘르』 1086호에서 인용

나, 혹은 그녀가 남편을 떠났을 수도 있다. 어린 시절 아버지의 부재와 아버지가 없다는 마음의 상처로 인해 어머니를 죄 없는 희생자나 성인으로, 아버지를 죄인이나 범죄자로 그리게 되었을지도 모른다.

헤밍은 영화에나 나올 법한 허풍을 떨며 모두를 놀리는 걸 좋아했다.

"원래는 160센티였는데, 전쟁 때 일본인들이 내 머리와 다리를 잡아당겨서 지금은 190센티가 되었지요."[*] TV에서도 그는 정색을 하며 곧바로 이렇게 덧붙였다. "모두 사실이 아니에요, 전 태어났을 때부터 190센티였습니다."

어린 시절 친구이자 처음으로 함께 등반했던 제리 갤워스Jerry Gallwas는 이렇게 말한다. "그는 유별난 거짓말쟁이입니다. 그런 사람은 처음이었어요. 정색을 하고 똑바로 쳐다보며 믿을 수 없는 거짓말을 아무렇지도 않게 늘어놓습니다. 그리고 상대가 속아 넘어가면 배꼽을 잡고 웃지요."

피에르 조프로이의 소설 중에 헤밍을 닮은 숄토Sholto라는 인물이 나오는데, 긴 금발에 크고 삐쩍 마른 그는 해진 옷

────
[*] 『파리마치』에 실린 글에서 인용

과 빨간색 점퍼를 입고 스카프를 두르고 다닌다. 익살스러운 계획으로 드라마틱한 사건들을 해결하면서, 고통스럽고 비극적인 등장인물들 사이를 이상할 정도로 가볍게 누비고 다니는 인물이다.

혜밍이 사람들의 마음속에 각인으로 남긴 이미지가 바로 이러하다. 영웅과 광대라는 이미지를 동시에 가진 이 치명적 인물은 세상과 어울리지 못했다. 사실에 따라 그의 삶을 재구성한다는 건 매우 힘든 작업이다. 왜냐하면 그를 아는 사람들은, 작가가 연대순으로 사건을 재구성하는 데 필요한 작고 세밀한 사실로서가 아니라, 요정, 혹은 불경스러운 재담꾼의 이미지로서만 그를 기억할 것이기 때문이다.

혜밍은 이 나라에서 저 나라로 바람처럼 빠르게 이동하고, 같은 나라 같은 여인들에게 다시 돌아가는 등, 시간 감각마저 모두 잃어버릴 만큼 어지러운 사건의 소용돌이 속에 자신의 발자취를 덮으려 무진 애를 썼다.

흔적을 남기지 말 것. 이건 혜밍이 상당히 집착한 원칙이었다. 로타 마우흐는 혜밍과 함께 등반한 많은 루트들을 기억하고 있는데, 혜밍은 그런 루트들에 관해 다른 사람들에게 발설하지 말아달라고 요구했다. "우린 어려운 루트들을 많이 올랐습니다. 때론 초등도 했구요. 산장에 돌아오면 사람들이 어딜 했냐고 묻곤 했습니다. 아마도 우릴 봤던 거겠지요. 그럴 때마다 대부분 게리는 '짧게 산책하고 왔지요.'라고 대답하곤 했습니다. 그는 자신의 등반에 대해 자랑을 늘어놓는 사람을 견디지 못했습니다."

제리 갤워스는 켈리포니아의 타퀴즈록Tahquitz Rock 과 조슈아트리Joshua Tree에서 헤밍과 함께 했던 등반을 기억하고 있다. 그들은 기록을 남기지 않았을 뿐더러 일절 발설조차 하지 않았다. 등반 기술이 쌓이자 그들은 신루트 개척을 시작했지만 헤밍은 바위에 어떤 흔적도 남기고 싶지 않았기 때문에 피톤이나 슬링도 모두 제거했고, 그런 루트들에 대해 절대 입 밖에도 내지 않았다.

그러나 이런 비밀스러움은 1962년과 1963년에 로열 로빈스, 존 할린John Harlin, 톰 프로스트Tom Frost와 함께 했던 몽블랑 등반에서는 또 달라진다. 그런 등반 루트들은 상당한 언론의 주목을 받았지만 헤밍은 이에 대해 크게 반대하지 않았다.

헤밍의 인생은 모순의 연속이었다. 흔적을 남기지 않은 채 존재 자체를 가볍게 넘기고자 한 그의 욕망은 인정받고 칭송받으려는 끊임없는 욕망과 정면으로 대립된다. 지저분한 모습의 그는 툭하면 욕을 하고 다른 사람들을 비난했지만, 사람들이 그런 모습로만 자신을 판단할 때는 그 또한 상처를 받았다. 열렬한 평화주의자였으면서도 종종 폭력에 의존했고, 화를 돋우는 사람들에 대해 육체적 공격을 가하기도 했다. 스스로 참을성이 많다고 주장했지만 자신의 원칙을 방어하는 일에 대해서는 지배적이고 거만했다. "난 편협성에 대한 편협성을 제외한 어떤 편협성에 대해서도 참지 않을 거야."라고 그는 선언하기도 했다.

그는 감수성이 있고 너그러웠다. 그러나 자신이 원하는 걸 얻기 위해선 악의적 속임수를 쓰기도 했다. 스스로가 자주 언급한 도덕적 기준에 따라 별다른 양심의 가책도 없이 자신이 원하는 걸 손에 넣었다. 마치 자신의 개성을 확고히 해야 한다는 압박이라도 받고 있는 듯했다. 그는 자신에게 당연하다고 여겨지는 걸 얻기 위해 정직하지 못한 행위를 할 준비가 되어있었지만, 어떤 때는 용서나 인정을 받기 위해 비참한 모욕을 당하기도 했다. 그는 무모할 정도로 용감했으나, '올가미에 걸리는 것'에 대해서는 질겁하며 모든 책임으로부터 도망치곤 했다. 하지만 또 어떤 경우에는 불공정한 의무를 기꺼이 받아들이기도 했다.

물론 인간은 모순덩어리이긴 하지만 헤밍 안에 잠재된 모순은 그의 인생을 좌우할 정도로 상당했다. 두 개의 서로 다른 마음이 끊임없이 부딪치는 상황에서 어떻게 하

———• 헤밍의 일기에서 인용

루하루를 살아갈 수 있었을까?

프랑스인들은 그에게 '알프스의 비트족Beatnik of the Alps'이라는 별명을 붙여주었는데 그는 이 별명이 마음에 들지 않았다. "난 비트족이 아니다. 비트족은 내 머리카락에 붙어있는 기생충에게나 어울리는 경멸적인 용어다. 거기엔 인생을 부정하는 뜻이 있다. … 애초에 샌프란시스코에선 비트족 운동이 사뭇 달라서 불교의 선종사상과 정신적 계율에 기반을 둔 것이었다. 서양에서 우리는 외면적이고 형식적인 학교 교육을 따를 수밖에 없다. 그것이 없다면 도로도 사무실도 비행기도 존재하지 않았을 것이다. 하지만 우린 내면적이고 정신적인 관점을 잊어버렸다. 사실 진정한 비트족으로 존재하는 건 거의 불가능한데, 그 이유는 우리가 사회와 타협하면서 살아가야 하기 때문이다."

혹시 '히피'라는 이름이 더 낫지 않았을까? 그러나 헤밍은 어떠한 별칭으로 불리는 것도 거부했으며, 어떤 형태의 운동이나 집단에 속하는 것도 인정하지 않았다. 그는 자신의 모습과 행위에 대해 완전한 독창성을 주장했다.

─── * 1950년대 전후 미국의 풍요로운 물질 환경 속에서 보수화된 기성질서에 반발해 저항적인 문화와 기행을 추구했던 젊은 세대. 〈역주〉
   ** 1966년 10월 13일자 『엘르』1086호에서 인용

헤밍은 자신이 인정받기를 끊임없이 갈망했고, 그렇게 되지 않으면 스스로 모순에 빠지며 고통스러운 정체성 갈등을 겪었다. 그는 일기에 이렇게 썼다.

"내 이름은 게리야, 게리 헤밍. 내 이름은 조지야, 조지 쉬리프George Shclief. 내 이름은 장이야, 장 폴 사르트르Jean Paul Sartre. 내 이름은 월터야, 월터 퍼콜Walter Fuckall.* 내 이름은 발터야, 발터 보나티Walter Bonatti. 내 이름은 존이야, 존 에니바디John Anybody. 내 이름은 샤를이야, 샤를 드 골Charles de Gaulle. 그럼 네 이름은? 네 이름이 뭔지 좀 말해줘 봐. 우린 정말 알고 싶단 말이야, 너의 정체성이 뭔지. 정체성이 있기는 해? 아니면 어디서 그걸 잃어버렸나! 혹은 정체성이란 게 있기는 했어? 내 정체성은 게리이지, 그럼 너의 정체성은? 넌 뭐 하는 사람이지? 모두가 게리를 알아, 주로 알피니스트로. 네가 알다시피 그는 굉장한 일을 해냈어, 알프스에서. 그는 유럽 등지에서 미국 산악인으로 명성을 날렸지. 정말 대단한 놈이라고. 게리는 뛰어난 산악인이야. 그는 중요한 사람이지. 그는 늘 여기 있었어. 그에게 어디를 올랐는지 물어봐, 아마넌 상상도 못할 거야."

"믿을 수 있겠어? 지금 난 '중요한 어떤 사람'이 되어

———* Fuckall은 전혀 없다는 뜻이다. 〈역주〉

있고, 모두 내가 중요한 사람이라는 걸 알게 된 불가사의 한 상황을 확실히 인지하고 있어. 아주 으스대고 있군. 넌 너의 헝클어진 머리칼, 소년 같은 미소, 예술적인 대화법을 칭송해줄 새로운 창구를 발견한 거야. 넌 대단하잖아? 넌 중요한 사람이야. 그리고 중요한 사람은 우아하게 행동하잖아, 안 그래?"

"넌 어떻게 오늘 저녁 미국산악회 모임에서 한 것과 똑같은 방식으로 모든 곳에 있는 모든 방에 평생 동안 발을 들여놓으려 하지? LA 카운티의 절반이 내려다보이는 칼렌데일Calendale 언덕의 델몬트Delmontes에서 소리죽여 외쳐본다. 다른 사람들은 모두 외투를 입고 넥타이를 매고 다녀. 하지만, 네가 더 잘 알다시피, 그런 외투와 넥타이가 도대체 무슨 의미가 있지? 난 날마다 청바지와 샌들로 다니고, 오늘 밤에도 그렇게 입을 거야, 사람들은 어쩔 수 없이 받아들이겠지. 젠장. 감히 어떻게 못하지, 넌 중요한 사람이니까. 넌 뛰어난 알피니스트 게리 헤밍이야. 씨팔, 난 내키는 대로 입을 거야. 난 바퀴야.*

"넌 어떻게 평생 동안 그렇게 똑같은 분위기로 돌아다닐 수 있지?"

─── * 여기서 헤밍은 "난 바퀴야I'm a Wheel"라는 표현을 썼는데, 1950년대 중반에는 「I'm Gonna Be a Wheel Someday」라는 노래가 유행했다. 〈역주〉

"빌어먹을."

"이게 바로 사르트르가 노벨상을 거절했을 때 하고싶었던 말이야. 이렇게 해서 그는 자신이 대단한 위선자라는 걸 보여줬지. 그는 이미 노벨상 따위 같은 하나의 관습이야. 하지만 분명 이 상을 거절한 유일한 사람이기도 하지! 젠장, 그는 운이 다한 사람이야. 그는 하나의 관습이야. 그는 이름이 있어. 얼굴도 있고, 그에 대한 모든 게 존재하지. 넌 운이 다한 사람이야, 장 폴. 너에게 연민의 정을 느껴. 이걸 내세울 수 있는 예술가는 아무도 없어. 예술가란 가장 쉬운 방식으로 생각하고 살아가고 기록하면서, 자신의 발자취에 대단히 만족하는 보통 사람 같은 작자야. 더도 말고 덜도 말고, 예술가는 하나의 관습이 아니야. 그런 예술가는 이름도 없어. 그는 중요하지도 않아."

"그는 타인들에게는 어떠한 정체성도 없어. 아마 그는 그들 스스로에 대한 그들의 정체성일 거야. 그는 '제로 ZERO'야. 모두가 예술가이니까. 예술가가 되고 싶다면 그냥 기록만 해."*

──* 헤밍의 일기에서 인용

CHAPTER FOUR

풋내기 시절

헤밍은 1934년 12월 13일 LA의 패서디나Pasadena 카운
티에서 태어났다. 어머니 카르멘Carmen은 헤밍을 가졌을
때 열아홉 살에 불과했지만 아버지의 두 번째 부인이었다.
그들은 오하이오의 콜럼버스Columbus에서 살았고, 카르멘
은 LA에 있는 친정을 자주 방문했다. 그리고 그렇게 친정
을 찾은 어느 날 헤밍을 낳았다.

　카르멘은 어머니를 비롯한 친정집 식구들과 아주 가
깝게 지냈다. 그들은 행복한 대가족이었다. 여성들은 모두
춤추러 나가길 좋아해서 파티가 있으면 절대 빠지는 법이
없었고, 그럴 때면 오빠나 삼촌들이 그들을 에스코트했다.
그들은 모두 엄격한 종교적 원칙과 예의 바른 존중의 매너

　　　　　　　　　　　　　　　　　　　　　　　　게리 헤밍

속에서 자랐다. 헤밍이 욕이라도 하면 할머니는 그의 입을 비누와 솔로 씻어냈다. 하지만 그런 벌칙이 그다지 효과적이지 않았는지, 헤밍은 나머지 인생에서 적나라할 정도로 음란한 대화를 즐기며 상당한 수위의 쾌락을 추구했다.

헤밍의 어머니는 자식에게 자신의 가족과 좋아하는 삼촌에 대한 이야기를 자주 들려주었다. 대니Danny 할아버지는 외할머니의 이복남매로 해군 대위였다. 카르멘의 가족이 캘리포니아로 이주했을 때 그는 이미 여러 도시의 항구관리사무소에서 연안 업무를 보고 있었다. 하지만 젊은 시절에는 항해를 많이 했으며 잭 런던과 친구가 되기도 했다. 대니가 연안 업무를 맡은 이후, 런던은 분명 그가 일하고 있는 도시마다 나타나 그를 찾아 다닌 것 같다. (대니는 오리건에서 워싱턴주로, 이어 캘리포니아로 옮겨 다녔다.) 급기야 그들은 여러 날을 함께 잠적했다가 거나하게 취했었다는 핑계를 둘러대며 다시 나타나기도 했는데, 그러고 나면 몇 주 동안을 대니는 그때를 회상하곤 했다.

카르멘은 상당히 아름다웠다. 금발머리에 큰 키, 오똑하게 솟은 코에 아들과 마찬가지로 장난기 가득한 눈을 가

———* 제2장에서 이미 언급된 잭 런던(1876-1916)은 본명이 존 그리피스 체니John Griffith Chaney로 미국의 소설가이자 저널리스트이고 활동가였다. 국내에 소개된 그의 책으로는 『마틴 에덴』, 『야성의 부름』, 『더 로드─길 위의 삶, 호보 이야기』 등이 있다. 〈역주〉

졌다. 헤밍의 아버지 역시 미남으로 훤칠한 키와 인상적인 목소리, 불꽃같은 머리칼의 사나이였다. 그는 기술자였는데, 어떤 실수를 저질러 그의 아버지가 내치기 전까지는 작은 가족회사에서 일했다. 그 실수가 어떤 것이었는지는 아무도 알지 못했지만 부모가 자식을 내칠 정도로 심각했던 건 틀림없어 보인다. 헤밍은 어머니 몰래 조부모를 찾아간 이야기를 한 적이 있었는데, 그때 조부모는 그를 손자로 인정하지 않았다고 한다.

헤밍의 아버지 로버트 헤밍Robert Hemming은 도박에 빠져있었다. 그는 주로 포커를 즐겼으나, 시장바닥에서 투기를 하는 것으로 알려졌다. 그에게 이런 문제가 있었다면, 그들의 결별 사유는 법적인 문제라기보다는 이런 일탈이 원인이었을 가능성이 크다. 청교도인 카르멘은 남편의 도박을 결코 받아들일 수 없었을 것이고, 아들이 아버지의 영향을 받지 않도록 온힘을 다했을 것이다. 그녀는 아들에게 아버지에 대한 이야기를 결코 하지 않았다. 카르멘이 두려워한 남편의 성격 중 하나는 오만이었다. 헤밍은 부모와 함께 차를 타고 가던 어린 시절을 어렴풋이 기억하고 있었다. 아버지가 커브 길에서 속도를 올리며 차를 아주 빠르게 몰았다. 그러자 사고를 두려워한 어머니가 속도를 낮추라고 애원했다. 그럴 때마다 그는 분명 아내의 공포를 즐기는 듯 엑셀레이터를 더 힘껏 밟았다. 헤밍의 기억에 의하면, 결국 어머니는 그를 팔로 감싸안고 차에서 뛰쳐나와 걸어서 돌아왔다고 한다.

카르멘은 로버트를 사랑했기에 그들의 결별은 그녀에게 커다란 상처가 되었다. 헤밍의 미래를 위해, 그녀는 아들이 그런 기억을 떠올리지 않게 하려고 몸부림쳤다. 하지만 그 어떤 노력으로도 위험에 대한 사랑과 폭력적 요소가 아들에게 그대로 전해진 것은 막을 수가 없었다.

헤밍은 할머니와 어머니, 그리고 겨우 여섯 살 많은 숙모와 함께 여성적인 환경 속에서 자랐으며, 숙모를 누나로 생각할 정도로 서로 친하게 지냈다. 헤밍이 학교에 가기 1년 전 카르멘은 남편과 이혼한 후 샌디에고에 정착해 일을 했다.

헤밍은 학교에서 열심히 공부했다. 순종적인 그는 야단맞을 일이 별로 없어서 귀여움을 받았다. 때때로 고집을 부리고 어머니와 갈등을 빚긴 했어도 원칙을 고수하는 편이었다. 또한 조숙하게도 일반적인 주제를 이론화하고 토론했는데, 이런 습관은 평생을 함께 했다. 그러나 보다 실용적인 카르멘은 모든 대화를 매일매일의 사실에 입각해 구체적으로 축소하려는 경향이 있었다. 자신이 좋아하는 토론을 할 만한 적절한 상대를 찾지 못한 헤밍은 자신의 철학적 성찰을 펜과 종이로 표현하기 시작했다.

열네 살이 되자 그는 라 메사La Mesa에 있는 고등학교에 진학했다. 이때는 첫 우정, 첫 사랑, 시에라산맥으로의 여행, 첫 등반에서 느낀 강렬한 열정, 그리고 위대한 등반가는 물론이거니와 그에 더해 유명한 작가가 되겠다는 결심을 하게 되는 성장기였다.

그러는 사이 카르멘은 재혼을 했는데 헤밍으로서는 아마 안심이 되었을 것이다. 어머니를 보살펴주고 걱정을 함께 나눌 남편이라는 존재가 생김으로 해서 자신이 보다 자유로워졌다고 느꼈을 것이다. 헤밍과 의붓아버지의 관계는 좋았다. 이미 성숙한 그들은 특별한 애정을 보이진 않았으나 서로를 존중했다.

수학과 과학으로 고등학교 졸업시험에 통과한 헤밍은 1952년 샌디에고주립대학에 입학했다. 2년 동안 수업에 자주 들어가긴 했지만 모든 걸 다 배워야 하는 실상을 견디지 못해 기하학과 화학, 지질학, 천문학, 경제학, 철학, 심리학, 러시아어, 스페인어만 수강했다. 그리고 동시에 등반 실력을 높이기 위해 열심히 훈련했다. 겨울이 되면 시에라산맥으로 가서 스키를 타고 여기저기를 돌아다녔고, 여름철이면 캘리포니아의 산에서 등반을 했다. 종종 그는 돈을 벌기 위해 닥치는 대로 일을 하며 좋아하는 운동을 포기하기도 했는데, 그의 첫 정규직 일자리는 1954년 여름 동안 와이오밍의 잭슨홀Jackson Hole에 있는 트랙터 수리가게였다.

1955년에는 군복무를 위해 뉴욕주로 갔다가 그 후 켄터키에서 낙하산훈련을 받았다. 불합리할 정도로 규제가 많은 군율을 받아들이기 위해 헤밍은 부단히 노력해야 했다. 하지만 그는 집단적 애국주의 기간 동안 성장을 거듭하며, 이 한시적인 시기에 새로운 스포츠 규칙을 익히고 연구하고자 했다. 1년간 군복무를 한 '베테랑'에게 석사를 딸 수 있는 예비과정에 등록할 수 있는 기회가 주어지자, 헤밍은 열정적으로 그 과정을 밟아나갔다.

결국, 헤밍은 자신이 처한 상황의 장점을 깨달았다. 미국에서 무상으로 공부할 수 있는 기회는 그만한 가치가 있었다. 일단 의무기간을 끝낸 그는 군복무의 연장을 고민했다. 웨스트포인트에 있는 육군사관학교에 등록하고 싶었으나, 군복무 시절 편지를 자주 주고받은 의붓아버지는 콜로라도의 스프링스에 있는 공군사관학교에 등록하라고 권유했다. 그 학교는 미국 내에서 명성이 자자하면서도 군기가 센 곳으로 유명한 곳이었다. '용감한' 장교집단을 육성할 목적으로 세워진 그 학교는 새로운 미국에 따른 수요를 유연성 있게 수용하고 있었다. 때는 바야흐로 한국전쟁이 거의 끝나가고 베트남전쟁의 위협이 슬슬 피어오르던 시기였다. 또한 서구 문명의 수호자로서 미군을 묘사한 영화가 흥행하던 때이기도 했다.

공군사관학교는, 제2차 세계대전에서 폭격기 조종사 편대가 투입된 데서 알 수 있듯, 훈련을 통해 각자 맡은 바 임무를 수행할 수 있는 초인적 인간을 만들어내는 공장이었다. 사관학교를 마친 장교는 위치나 환경에 관계없이, 다른 사람의 도움이나 지원을 받지 않고 자신에게 부여된 어떠한 임무도 수행할 수 있어야 하며, 기개와 용기와 애국주의로 똘똘 뭉친 전사가 되어야 했다. 또한 놀라운 일을 해낼 수 있는 체력과 강철 같은 마음가짐, 빠른 결정력과 정교한 기술을 갖추고, 적진에서 생존하고, 명령을 수행하고, 어떤 위급상황도 헤쳐 나갈 수 있다는 확신을 가져야만 했다.

그런 초인적 인간을 만드는 데 필요한 훈련은 매우 힘들어서, 당연히 그 중심에는 엄격한 군기와 의도된 억압이 자리잡고 있었다. 우선 장교 후보생들은 사관학교가 미국에 제공하기로 약속한 완벽한 군사 로봇으로 변신하기 위해 각자의 개성을 모두 삭제해야 했다. 하루 일과를 포함해 심지어 훈련 시간 외에까지 언제나 통제가 함께했다.

심지어 걷는 법과 상사와 동료에게 말하는 법, 강의실이나 식탁에 앉는 법까지 익혀야 했다.

헤밍은 사관학교를 넉 달간 다녔다. 유럽에 있을 때 그는 규칙이 없는 곳으로 내던져졌다며 사관학교의 규율이 얼마나 불합리한지에 대해 농담을 했지만, 이상하게도 (조심스럽게 정리·보관한) 그의 글과 일기에는 이런 것들에 대한 언급이 전혀 없이 다만 쇠퇴기에 접어들었을 때 가끔씩 모호하게 '그 비극적인 밤'과 '불명예'가 등장할 뿐이다. 그러나 그의 글 중 일부에는 1956년 12월 17일의 '명예스러운 제대'와 '충실하고 정직한 군복무'를 기념하는 내용이 나온다.

사관학교에서 퇴학을 당할 정도로 심각한 일을 헤밍은 어떻게 저지르게 되었을까? 아마도 1960년대의 프랑스 분위기로 자유에 대한 그의 생각이 증폭되면서 자신이 만들어내고 굳게 믿은 저항의 이미지로 인해, 젊은 시절 선택할 수밖에 없었던 경력을 부인하고 싶어졌을지도 모른다. 관념적 성숙의 과정을 겪던 그는 조국에서 행해지고 있는 정치적 선택을 강하게 비판했다. 따라서 매우 배타적인 사관학교에서 규율이 없는 장소로의 추방은 헤밍의 성격이 바뀌는 데 지대한 영향을 미쳤다. 사실 사관학교의 규율은 받아들이기만 하면 장점이 될 수도 있었다.

한편, 다른 상황들에 대해 쓴 그의 일기에서 암시들이 등장하긴 한다. 더구나 그런 사관학교에서 넉 달 만에 퇴학을 당한다는 건 결코 간단한 일이 아니다. 퇴학의 사유가 건강이나 다른 이유였다면 헤밍은 거기에 대해 이야기도 하고 글로도 남겼을 것이다.

친구들은 종종 헤밍이 진실을 말하고 있는지 의심하곤 했다. 아마도 그런 진실을 가장 잘 알고 있는 사람은 클로드Claude였을 것이다. 그녀는 헤밍과 오랫동안 멀리 떨어져 있을 때도 가장 가까운 사람이었다.

"공군사관학교는 두말할 나위 없이 게리에게 중요한 시기였어요. 첫째는 그가 비행기술을 배우려 했기 때문이죠. 자유를 사랑하는 모험심 가득한 젊은이에게 하늘을 나는 것보다 더 큰 야망이 뭐가 있겠어요. 그리고 사관학교 입학은 큰 영광이고 갈망하는 목표였습니다. 신체검사를 모두 통과해야 겨우 입학할 수 있었죠. 분명 처음엔 기뻐했겠지만, 결코 이해하거나 받아들일 수 없는 온갖 종류의 의무와 규칙에 갇히고 만 거에요. 저항할 수밖에 없었을 겁니다."

"퇴학에 대해서는 부당한 처사였다고 얘기했습니다. 이런 논쟁을 계속하기는 원치 않았지만, 사실 사람들을 몰래 속이며 규칙을 공공연하게 비웃고 싶었던 건지도 모르겠습니다"

"아마도 훗날 처벌이 지나쳤다고 여긴 학교 당국이 게리의 명예가 심하게 훼손되지 않도록 '명예스러운 제대'로 증서를 수정했을 겁니다. 미국에선 학교에 가건 직업을 구하건 제대 증서를 제출해야 하는 경우가 아주 많거든요. 보통 사람이라면 비밀로 유지했을 것을 공개적으로 밝힐 정도로 조심성 없는 사람에게, 그 처벌은 너무 가혹한 것이었습니다."

CHAPTER FIVE

하프돔

군복무로 인해 헤밍은 가장 열망하던 꿈, 즉 요세미티 계곡의 하프돔Half Dome 북서벽 초등을 놓치고 말았다.

라 메사에 있는 고등학교에 다니는 동안, 특히 바하캘리포니아Baja California로 여행을 갔을 때, 그는 산에 대해 열정을 갖게 되었다. 이 여행에서 그는 깊은 인상을 받았다. 모리스 카밀로Maurice Camillo가 시에라클럽의 야외행사에 초청해준 덕분이었다. 헤밍은 황량한 지대에서 며칠을 보내고, 텐트라는 보호막도 없이 야외에서 자고, 사람의 손길이 전혀 닿지 않은 바위를 오를 기회를 처음으로 가졌다. 헤밍에게는 잊을 수 없는 경험이었으며, 이 여행은 장차 그의 등반에서 판단의 기준으로 계속 남게 된다.

게리 헤밍

시에라클럽의 회원들 중에서는 딕 롱Dick Long이 헤밍과 굳건한 우정을 유지했다. 그는 롱을 자주 찾아가서 차를 얻어 타고 샌프란시스코 베이로 간 다음, 캘리포니아 북부로 등반을 가거나 스키를 타러 갔다. 당시만 해도 다운힐은 초보여서 스키는 당연히 크로스컨트리였다. 헤밍과 롱은 군수품인 실스킨을 부착한 활강스키를 사용했다. 이렇게 여행을 하면서 헤밍은 추운 겨울밤에 돈을 전혀 쓰지 않고 보낼 수 있는 편리한 방법을 생각해냈다. 캘리포니아에는 다음 날 새벽에 떠난다는 조건으로 머물 곳 없는 사람이 하룻밤을 감옥(서부에는 아주 작은 마을이라도 감옥이 있었다)에서 지낼 수 있는 관습이 있었다. 이런 호의를 최대한 이용해 헤밍은 샌프란시스코로 바로 가지 않을 때면 산 아래 마을의 감옥에서 묵고 아침 6시에 감옥문 앞에서 롱을 만나기도 했다.

그 시절 헤밍은 의욕이 넘치는 제리 갤워스, 조지 쉬리프와 친하게 지냈다. 요세미티에서 고전적인 방법으로 초등이 이뤄지던 황금기에 갤워스는 주요 인물 중 하나였다. 그들 셋은 라 메사 인근 지역에서 루트를 개척했고, 훗날 쉬리프가 중고차를 구하게 되면서부터는 좀 더 자유롭게 돌아다녔다.

캘리포니아는 깊은 계곡과 멋진 산들이 산재한 광활한 지역이어서 이들 사이의 거리가 만만치 않다. 샌디에고에서 조슈아트리 같은 커다란 바위들이 있는 모하비사막까지는 차로 가는 데도 몇 시간이나 걸린다. 타퀴즈록은 도시 가까이에 있어서 헤밍과 친구들이 특히 좋아하는 암장이었다. 그곳에 있는 유명한 루트를 모두 오른 그들은 불가능한 완벽을 추구하기 위해 점점 더 어려운 새 루트 개척에 착수했다.

헤밍이 요세미티 계곡에 가려면 하루 종일이 걸렸다. 하지만 일단 그곳의 경이로움에 맛을 들인 그는 될 수 있는 한 자주 그곳으로 돌아갔다. 샌프란시스코 동쪽에 있는 그 계곡은 거의 3,000평방킬로미터에 달하는 요세미티국립공원의 작은 한 부분으로, 거대한 화강암 벽에 둘러싸여 수정같이 맑은 폭포수가 흘러내리는 황홀한 계곡이다. 바닥에는 머세드강Merced River이 유유히 흐르고, 수백 미터를 솟아오른 수직의 바위벽에서 갑자기 떨어져 내리는 낙석에 잘려나가는 세쿼이아와 마리포사소나무가 숲을 이루고 있다.

그 계곡은 개척자들의 야영지를 약탈하는 인디언들을 뒤쫓던 일단의 군인들에 의해 1851년에 우연히 발견되었으며, 곧 여행자들과 도보자들에게 인기 있는 장소가 되었다. 하지만 주요 봉우리들의 초등 연도만 봐도 알 수 있듯 암벽등반은 뒤늦게 시작되었다. 세련된 기술을 가진 산악인들은 1940년대와 1950년대가 되어서야 나타났는데, 그들은 크롬몰리브덴 피톤을 사용하면서 단단한 화강암의 매끄러운 수직 벽을 정복해나갔다.

계곡 끝쪽에 위치한 하프돔은 거대한 도끼로 내려친 듯 반이 깨끗하게 잘려나간 커다란 돔 형태로 우뚝 솟아올라 있어 쉽게 눈에 띈다. 1865년의 캘리포니아지질조사서 California Geological Survey에 실린 글에는 그 봉우리가 이렇게 묘사되어 있다. "하나로 된 화강암 덩어리 … 접근이 전혀 불가능하다. 요세미티 주위에 솟아 있는 모든 봉우리들 중에서 과거에 인간의 발길이 전혀 닿지 않았고, 앞으로도 절대 닿지 못할 유일한 곳이다." 하지만 그로부터 고작 10년이 지난 후 목수이자 도로 건설공인 스콧 조지 앤더슨Scot George Anderson이 바위에 구멍을 뚫어 철제 쐐기를 박고 로프를 연결하는 방식으로 그 동벽을 돌파하는 데 성공함으로써 이제 돔의 완만한 측면은 오를 수 있게 되었다. 하지만, 상상의 도끼에 의해 잘려나간 듯한 수직 600미터의 북서벽이 등반되기까지는 거의 100년이라는 시간이 더 걸렸다.

요세미티를 처음 방문했을 때 하프돔의 인상적인 구조에 매료된 헤밍은 상상의 나래를 펼치기 시작했다. 완벽히 수직인 데다 어떤 곳은 오버행을 이룬, 매끈하기 짝이 없는 바위를 그는 올라본 적이 없었다. 그 표면은 마치 거울처럼 반들반들했다. 거울을 오르는 것보다 더 마법 같은 등반이 어디 있을까? 그건 거부할 수 없는 유혹이었다.

헤밍은 딕 롱과 함께 계곡의 몇몇 루트를 올랐다. 평범한 수준의 루트를 개척하던 그들은 마침내 계곡에서 가장 어려운 루트에 도전했는데, 바로 1950년 센티넬록 Sentinel Rock이라는 거대한 벽에 선구자들이 개척한 스텍-살라테Steck-Salathè 루트였다. 그 후부터 그는 제리 갤워스와 함께 계곡에서 난이도 높은 루트들을 등반했다. 갤워스는 좋은 동료이자 재능 있는 등반가였다. 그러나 당시의 하프돔은 두 사람이 모험을 벌이기에는 너무나 벅찬 대상이었다. 그들은 우선 철저히 조사한 다음 적절한 시도를 할 셈이었다. 이 등반에는 벽에 매달려 있는 동안 필요한 물자를 끌어올리는 데 사용할 여분의 로프와 적어도 두 개의 팀이 필요했다.

그러는 사이 헤밍은 계곡 내에 머물고 있는 다른 등반가들을 알게 되었다. 특히 왈리 코디스Wally Kodis와 웨인 메리Wayne Merry와 함께 등반하기를 즐겨한 그는 두 사람을 이 프로젝트에 끌어들였다. 공교롭게도 그때 징집이 된 웨인 메리는 하와이로 배치되었고, 그곳에서 화산을 오르며 체력을 단련했다. 그들은 정기적으로 편지를 주고받으며 하프돔 북서벽을 공략할 계획을 꾸준히 수정해나갔다. 특히 등반에 필요한 장비를 꼼꼼히 연구했는데, 그 과정에서 나일론 로프보다는 더 질기면서도 덜 늘어나서 두 번째 팀이 벽을 타고 오르면서 물자를 끌어올리는 데 사용할 고정로프로 적합한 데이크론 로프에 대해서도 알게 되었다. 또한 피톤을 박을 크랙이 없는 곳에서 추가적인 확보가 필요할 때 단단한 화강암에 구멍을 뚫을 카본비트 드릴도 찾아냈다. 또 한 가지 문제는 앉을 만큼 충분히 넓은 바위 턱이 없어서 비박이 힘들다는 것이었다. 1931년 독일의 슈미트Schmid 형제는 마터호른 북벽을 초등할 때 피톤에 매다는 비박용 해먹을 사용했었다. 헤밍과 웨인은 그 아이디어를 활용할까 했으나 결국은 갖고 다니기 훨씬 더 가벼운 천 해먹을 사용하기로 했다. 그들은 피톤의 개수와 형태, 로프의 길이, 두 팀이 서로 어떻게 움직여야 하는지 등에 대해서도 의견을 교환했다.

이 기간 동안 헤밍은 군복무를 위해 자리를 비워야 했으나 그렇다고 해서 야망을 포기하지는 않았으며, 대신 친구들의 관심을 계속 환기시켰다. 결심이 약해진 건 오히려 웨인 메리였다.

그러나 제리 갤워스는 요세미티를 꾸준히 방문해, 그곳에서 로열 로빈스, 워런 하딩Warren Harding, 척 프랫 Chuck Pratt, 돈 윌슨Don Wilson 등과 같은 최고의 등반가들을 알게 되었다. 1955년 6월 제리 갤워스는 로빈스, 하딩, 윌슨과 함께 하프돔 북서벽 도전에 나섰다. 그들은 150미터를 오른 다음 후퇴했는데, 그로부터 몇 개월이 지난 후이 시도를 전해들은 헤밍은 그들이 자신의 영광을 도둑질하려 했다며 불같이 화를 냈다.

그는 메리와 코디스와 더 자주 편지를 주고받았다. "하프돔에서 제리 일당을 물리쳐야 해!" 그리고 이런 헤밍의 공격적인 성향 때문에 코디스는 영원히 멀어지게 된다. "'죽기 아니면 까무러치기' 식의 이런 태도는 하프돔을 오르려는 모든 팀에 악영향을 미칠 뿐이라고 생각했다."

1956년 여름 헤밍은 공군사관학교 입학시험 준비에 몰두했으며, 사관학교를 떠나서는 샌프란시스코 베이에 있는 오클랜드로 이주했다. 군복무 기간에 시작한 공부를 계속하기로 결심한 그는 대학의 공학부에 등록한 다음, 생활비를 벌기 위해 집집마다 돌아다니며 백과사전을 팔았다. 오클랜드는 요세미티와 가까워 그곳을 자주 찾았고, 이 기간

게리 헤밍

동안 새로운 친구들을 만나 파트너를 바꿔가며 등반을 했다. 그러다 점차 단독등반에 빠지게 되었으며 먼 곳에 있는 산들의 손짓에도 점점 더 끌리게 되었다. 그는 세계에 있는 모든 산들을 오르고 싶어했다! 이제 서부의 산들을 경험한 그는 여름에 잭슨홀의 직장에 다니면서 모트 헴펠Mort Hempel과 함께 처음 방문한 이후 완전히 매료된 티톤 산군Tetons으로 돌아갔다.

그해 여름 그는 1954년 요세미티에서 함께 구조작업을 하면서 알게 된 존 할린을 우연히 만났다. 할린과 헤밍은 성격은 정반대였지만 산과 황무지와 모험에 대한 열정을 함께 공유했다. 그들의 서로 다른 성격은 이상하게도 잘 어울려서 곧 함께 등반하기 시작했다. 할린은 이미 북미에서 거대한 봉우리들을 오른 경험이 있었고, 알프스에도 가본 적이 있었다. 헤밍은 마운트 레이니어Mount Rainier를 오르는 동안 이전에는 전혀 몰랐던 빙벽등반 기술을 그를 통해 익힐 수 있었다. 7월에 그들은 캐나다 브리티시콜롬비아주에 있는 배틀레인지Battle Range 산군으로 짧은 등반을 떠나는 헨리 켄들Henry Kendall과 하비 디스태블러Hobey DeStaebler 팀에 합류했다. 셀커크 산군Selkirks의 일부인 이 산악지역은 글레이셔서클Glacier Circle 남쪽으로 30킬로미터를 곧장 뻗어 내리며, 세 개의 산맥과 두 개의 거대한 빙하로 분리된 곳이다. 이 지역을 북쪽에서 접근하는 길은 여전히 찾지 못한 상태로 당시 지도에 커다란 공백으로 남아있었다. 이곳은 헤밍이 언제나 꿈꿔온 모험을 해볼 수 있는 곳이었다. 헤밍과 동료들은 그 숲지대와 거센 강물, 빙하와 눈 덮인 산들에 발을 디딘 최초의 인간이 되었다. 그들은 일부 봉우리들을 종주하기도 하고 등반하기도 했다. 이 여행을 준비하느라 여념이 없었던 헤밍은 하프돔에 대한 집착을 잊어버렸다.

브리티시콜롬비아 원정등반은 헤밍이 진정으로 추구하던 산의 개념과 가장 가까웠다. 훗날 그가 산악인이라는 딱지를 떼어 내고 '모험가'라고 선언했을 때도 그는 항상 산에서 추구하던 이상을 찾아 나섰다. 어려운 루트를 오르고 초등의 영광을 차지하기 위해 애쓰기보다는 상상력을 자유롭게 발휘하면서 '개척자'로 여행할 수 있는 황무지를 열망한 것이다.

1957년 여름이 끝나가고 있었다. 그해 6월 제리 갤워스는 로열 로빈스, 마이크 셰릭Mike Sherrick과 함께 하프돔 북서벽을 초등했다. 이 등반의 주인공은 로빈스로, 훗날 그

———* 'RNWFRegular North West Face'로 표기되는 이 루트는 그 당시 미국에서 난이도가 가장 높은 최초의 6급으로 평가받았다. 〈역주〉

게리 헤밍

는 인공 보조장비를 최소한으로 사용하면서 요세미티의 가장 어려운 몇몇 '거벽' 루트를 올랐다. 요세미티 황금기의 다른 유명한 루트들은 워런 하딩에 의해 개척되었는데, 그는 인공 보조장비를 적극 활용한 인물이었다. 위대한 이 두 등반가는 인공등반에 대해 각기 다른 윤리적 기준을 갖고서 상대를 무시하고, 등 돌리고, 자존심을 내세우며 자신의 입장을 옹호했다.

1958년 엘캐피탄El Capitan에서 웨인 메리는 하딩과 함께 거대한 루트 '더 노즈The Nose'를 초등했다. 하딩은 비록 하프돔 초등에는 참가하지 않았으나, 피톤이 박혀 있는 동쪽의 노멀 루트로 올라가 세 명의 친구들에게 로프로 필요한 물품을 지원했다. 그는 북서벽 아래에 세 명의 등반가가 있으니 조심해달라고 "아래로 돌을 던지지 마세요." 라는 쪽지를 정상 '전망대viewpoint'에 남겨놓아, 노멀 루트로 올라오는 사람들에게 주의를 주기도 했다.

하프돔이 초등되었다는 소식을 전해들은 헤밍은 만족스러워했다. 이 무렵 그의 머릿속은 이미 다양한 지역에 있는 다른 등반들로 채워져 있었기 때문이다.

CHAPTER SIX

제니 호숫가

1958년이 저물어갈 무렵, 캘리포니아대학에서 공학을 공부하던 헤밍에게 특별한 일을 할 기회가 찾아왔다. 캘리포니아주 수자원 관리부서가 시에라네바다산맥에서 '눈 측량사' 역할을 맡아달라고 한 것이다. 일당이 25달러로 당시에는 상당히 좋은 수준이었다. 녹아서 태평양 연안 도시들용 저수지로 흘러들어가는 물의 양을 예측하기 위해 시에라의 여러 곳에서 눈의 깊이를 재는 일이었다. 그들은 두 명이 한 조가 되어 눈 덮인 산악지역을 스키로 돌아다니며 여러 곳의 눈을 측량했다. 밤을 보낼 수 있는 통나무 오두막들이 멀리 떨어져 있어서 하루에 최소 8시간을 스키로 돌아다녀야 했는데, 이건 스키어에게도 아주 벅찬 일

게리 헤밍

이었다. 하지만 야외에서 일을 하고 싶었던 헤밍에게 이일은 다른 어떤 것보다도 완벽한 직업이었다. 불행히도 다음해에는 캘리포니아 당국에서 측량사들을 헬기로 이동시키기로 하면서, 경험 많은 알피니스트는 이제 더 이상 필요치 않게 되었다.

이어진 여름철에도 헤밍은 황무지와 설산에서 일을 하고 싶었다. 시에라에서 일하며 겨울을 보낸 그는 인파가 몰려 숨막히게 답답한 요세미티 계곡에 곧 싫증을 느꼈다. 2년 전 브리티시콜롬비아에서처럼 황량한 땅에 있는 미답의 산들을 오르고 싶었던 거다. 지난 여름 티톤에서 만난 스털링 닐Sterling Neale과 데이브 도넌Dave Dornan이라는 두 친구에게 브리티시콜롬비아의 카리부레인지Cariboo Range에 가자고 설득해, 결국 그곳에서 이름 없는 봉우리 몇 개를 올랐다.

캐나다에서 돌아온 헤밍은 빈털터리가 되어 있었지만 여름의 시작과 함께 일자리를 찾아 도시로 돌아가기보다는 산에서 벌어먹고 살 수 있는 방법을 찾아보기로 했다. 티톤에서 몇 번의 여름 동안 닐은 가이드로, 도넌은 등반 레인저로 일한 적이 있어서, 그들은 헤밍에게 티톤으로 함께 가자고 제안했다.

티톤 산군은 와이오밍주에 있는 로키산맥의 일부로

옐로스톤국립공원 남쪽에 위치하고 있다. 이 산들은 해발 2,000미터가 넘는 잭슨홀 계곡 위로 솟아있으며, 계곡에는 스네이크강Snake River이 흘러내리고 호수들이 산재해 있다. 이곳의 풍경을 압도하는 건 세 개의 봉우리 중 가장 높은 4,200미터의 그랜드 티톤Grand Teton으로, 티톤 산군이라는 이름도 여기서 나왔다. 19세기 중반까지 사냥꾼들만 드나들던 스네이크강 계곡은 북쪽을 향해 들소와 엘크 떼를 몰고 가던 목장주인에게 서서히 점령되었다. 지역 경제와, 따라서 지형까지 목장업에서 관광업에 맞게 서서히 바꾸고 있는 국립공원의 노력들에도 불구하고, 잭슨은 여전히 서부시대의 카우보이 마을 같은 느낌을 유지하고 있다.

당시 이 지역은 관광산업의 초기 단계라는 변화의 과정에 있었다. 잭슨 마을에는 호텔들이 최초로 생겼고 무즈Moose에는 산악가이드 서비스도 새롭게 등장했다. 전문 자격이 있는 산악인들로 구성된 유럽의 산악가이드조합(자율적이거나, 또는 각 나라 산악회의 주도로 설립된 이 조합은 직업을 규정하고 가이드 임명을 감독했다)과 달리, 미국에서 당시 가이드 서비스를 제공하고 있던 조직들은 개인적인 서비스를 판매하는 상업 회사들이었다. 무즈에 있는 엑섬산악가이드서비스Exum Mountain Guide Service는, 1930년대에 티

그랜드 티톤(사진: 미구엘 에르모소 쿠에스타)

톤에서 몇 개의 고전 루트를 개척한 알피니스트이자 과거 20년 동안 자신의 경험을 미숙하거나 어설픈 알피니스트 들에게 제공해온 글렌 엑섬Glen Exum이란 사람의 소유였다. 그는 일급 직원들이 가이드 서비스를 제공한다고 선전했다. 미국의 위대한 알피니스트라면 누구나 한 번쯤은 이 산군에서 여름을 보냈고, 거의 대부분 계절 직원으로 엑섬에게 고용되었다.

그 당시 미국에는 가이드 자격증을 발급하는 공식 기구가 없었다. 가이드는 단지 산에서 고객을 동행하며 안전을 최대한 보장하는 사람이라, 산악 경력이나 혹은 신뢰성을 보장할 수 있는 가이드나 알피니스트의 소개로 고용되었다. 그리고 필요한 기준을 따르지 못할 경우는 더 이상 가이드 일을 할 수 없었다.

스털링 닐은 헤밍을 엑섬에 소개했다. 엑섬은 가이드를 희망했던 여느 사람들에게처럼, 고용 전 그를 노련한 가이드가 동행하는 한 무리의 고객들과 함께 산으로 보내, 능력과 안전을 보장할 수 있는 수준을 시험했다.

산에서 일하는 틈틈이 헤밍은 겨울에 무너진 가이드지원 센터 건물 지붕을 고쳤다. 선천성 고관절 질환으로 다리를 절뚝거리는 데도 불구하고 뛰어난 스키어이자 훌륭한 등

반가인 가이드 빌 브릭스Bill Briggs가 그와 함께했다. 브릭
스는 멋진 유머를 구사하고 인성이 좋아 그의 이런 장애를
문제 삼는 사람은 아무도 없었다. 장애를 안고 살아야 하
는 브릭스로서는 산에 있을 때나 연주를 하고 노래를 부를
때만큼은 거기에서 해방될 수 있었다. 사람들은 그를 포크
송 가수라고 불렀다. 성격이 불같긴 해도 자신을 상당히
즐겁게 해주는 헤밍을 그는 매우 좋아했다.

"게리는 키가 크고, 목소리도 성질도 위협적이었지요.
욕을 많이 해도 유머러스해서, 못마땅하고 음탕하다며 아
주 '역겹게' 받아들이진 않았습니다. 그가 정말 음탕한 건
지, 아니면 말하는 방식이 그런 건지는 잘 모르겠지만 아무
튼 그다운 건 아니죠. 그래서 전 그냥 웃어넘기자, 하고 늘
농담으로 받아들였습니다."

헤밍은 브릭스보다 먼저 가이드가 되었다. 그는 "불구자인
내가 진정한 알피니스트와 어깨를 나란히 하려고 노력하
는 동안 게리는 이미 그 능력을 갖춘 사람"이라며, 이를 지
극히 당연하게 받아들였다.

헤밍은 이렇게 가이드 일을 시작했다. 엑섬의 가이드
들은 가장 인기가 좋은 루트들로 가는 오솔길의 시작지점
에 있는 '가이드 힐Guide's Hill'에 머물렀다. 이곳은 아름다

운 제니 호숫가에서 야영하려는 알피니스트들이 늘 지나다니는 인기 있는 곳이었다. 매년 찾는 사람들 중에는 아예 그곳에 통나무 오두막을 지은 사람들도 있었다.

헤밍은 알래스카Alaska의 매킨리McKinley[*]에서 원정 등반을 끝내고 막 돌아온 재능 있는 알피니스트 배리 코벳Barry Corbet과 텐트를 함께 썼다. 매킨리의 남서 스퍼를 초등한 그 등반은 미국의 네 젊은이 빌 버킹엄Bill Buckingham, 제이크 브리텐바흐Jake Breitenbach, 피트 싱클레어Pete Sinclair, 그리고 배리 코벳에게 엄청난 돌파구가 되었다. 코벳은 헤밍을 이렇게 기억한다. "자기 확신이 지나친 사람들이 그렇듯 처음에는 위압적으로 보였습니다. 훗날에서야 알게 되었지만, 그는 '악독한' 이미지를 소중하게 여긴 연약하고 궁핍한 사람이었습니다. 머리를 아주 짧게 깎은 그는 전형적인 캘리포니아 자유등반가였어요. 아마도 그가 우리 티톤 토박이들보다도 훨씬 뛰어나다는 것을 증명하려 한다고 확신했기 때문이겠지만, 이제 와서 생각해보면 우리는 스스로 위축돼 있었던 겁니다. 무슨 말이냐 하면, 우리가 평소 알고 있던 그의 성격에는 비열한

─── [*] 이 책이 나온 1990년대 중반에는 매킨리(미국 제25대 대통령 윌리엄 매킨리William McKinley의 이름을 따서 명명)로 불렸으나, 2015년 8월 버락 오바마 정부의 국무성은 이 산을 원주민이 부르는 데날리Denali로 개명했다. 〈역주〉

게리 헤밍

구석이 전혀 없었다는 거죠. 우리가 그에게 투영하고자 했던 바를 그도 어느정도 부추킨 것뿐입니다. 그에게 '있던' 한 가지 위험한 점은 성마른 기질이었습니다. 아주 작은 일에도 불같이 화를 내곤 했어요, 비록 분풀이를 사람보다는 물건에다 대고 하긴 했지만 말이죠. 스털링 닐은 언젠가 게리가 자신의 1949년 중고 포드의 문짝을 피켈로 부서버렸다고 했습니다."

헤밍은 그 중고 포드를 시에라네바다에서 '눈 측량사' 일을 해서 번 돈으로 샀다. 그는 가이드 힐에서 잭슨 호숫가 로지까지 이어지는 거의 직선에 가까운 비포장 산길을 미친 듯이 운전했고, 그럴 때면 동승자들은 생명의 위협을 느껴야 했다. 브릭스는 차가 없어서 늘 헤밍의 차를 얻어 타고 다녔다. 그들은 종종 잭슨에 있는 로지를 들르곤 했는데 그곳은 여행객들과 카우보이들, 그리고 어떤 주말에는 소녀들도 찾아오곤 하는 만남의 장이었다. 그럴 때면 헤밍은 홀에 있고 브릭스는 구석에 앉아 자기 밴조를 연주하곤 했다. 술을 잘 마시지 않는 헤밍은 몇 잔만 들어가도 쉽게 취해서 장식용 돌을 홀드 삼아 벽을 기어 올라가곤 했다. 저녁이 되면 그 둘은 쫓겨나기 일쑤였는데, 브릭스는 자기 밴조를 연주하고 헤밍은 벽을 기어오르는 터무니없는 행동을 한다는 것이 그 이유였다.

그 둘은 늘 붙어 다녔다. 여자들에게 인기가 있었던 헤밍은 보통 한 번에 두 여인을 엮었다. 한 여인은 자신을 위해, 그리고 또 한 여인은 브릭스를 위해. 하지만 티톤에서 티 파티Tea Party가 열릴 때면 노래도 부르는 데다 인성까지 괜찮은 브릭스의 인기가 가장 좋았다. 이 모임은 제니 호숫가의 모닥불 주위에서 열렸는데, 여기서 '티'는 종류가 아주 다양했다. 등반가들과 야영객들이 술과 음식을 가지고 모여들었고, 오후에 시작해서 모두가 마침내 쓰러지는 새벽녘에서야 끝이 나곤 했다. 늘 브릭스의 '큰형'을 자처하던 헤밍은 그가 음악으로 모두를 즐겁게 해주는 동안 소외감을 느끼면 종종 아주 난폭하게 돌변했다. 사람들을 자극해 관심을 자신에게 돌리려는 듯 예를 들면 모닥불에 오줌을 휘갈기기도 한 것이다.

한편 브릭스는 헤밍과 배리 코벳을 거의 신격화하며 자신의 등산 지도자로 여겼지만, 악명을 떨치는 데서는 그들을 앞서려고 상당한 노력을 기울였다. 루트를 개척하는가 하면, 이전에 다운클라이밍으로 내려온 적이 있는 벽을 무모하게도 겨울에 최초로 스키를 타고 내려오기도 했다. 현대 익스트림스키의 선구자 격이었다. 헤밍은 그가 하는 모든 행동을 격려했지만, 브릭스가 자기보다도 더 뛰어난

제니 호수(사진: 미구엘 에르모소 쿠에스타)

경우에는 결국 언제나 화를 냈다. "어느 가을날 간단한 등반이나 하나둘 하려고 게리와 함께 캘리포니아의 요세미티로 갔습니다. 그는 펄핏Pulpit에 새 루트를 개척하고 싶어 했는데 저 역시 마찬가지였죠. 게리는 피톤 하나를 박으려고 욕을 해대며 30분 정도 매달렸습니다. 마침내 그는 선등을 제게 넘겼고, 저는 피톤 두 개를 겹으로 박아 제 체중을 버틸 수 있게 만든 다음, 그걸 딛고 등반을 끝냈습니다. 그러자 게리가 그건 '자기' 루트라는 둥 격분하더군요. 하지만 그 격분은 나에 대한 것이 아니라 자신의 실패에 대한 것이었습니다."

이 두 친구 사이에는 경쟁의식이 잠재돼 있었다. 필요하면 그들은 서로를 위해 무슨 일이든 마다하지 않았지만, 때에 따라서 1미터 떨어져서 묶여 있는 쌈닭들처럼 서로를 노려보기도 했다. 자연스레 사랑에서도 서로가 라이벌이 되어, 헤밍이 브릭스와 주디스Judith를 뒤쫓아 멕시코로 달려갔을 때 티톤의 친구들은 아무도 놀라지 않았다. 그들의 우정은 언제나처럼 멜로드라마 같은 결론으로 끝날 것이었기 때문이다.

그로부터 10년 후 헤밍이 제니 호숫가에서 권총으로 자살했을 때 친구들은 아무도 사실로 받아들이지 못했다.

게리 헤밍

그토록 생기발랄하던 사람이 자살하리라곤 믿을 수 없었기 때문이다. 대신 그들은 과거에 있었던 경쟁 관계들 속에서 구실을 찾으며, 어떤 싸움으로 인해 생긴 사고이거나, 심지어는 피살되었을지도 모른다고 추측했다. 이로써 헤밍의 죽음은 여러 가지 소문들만 무성하게 낳은 채 그 후로도 아주 오랫동안 풀리지 않는 미스터리로 남게 되었다.

CHAPTER SEVEN

화산에서 벌어진 추격전

헤밍은 뉴욕의 번즈 탐정사무소Burns Dectective Agency에서 탐정으로 일할 때 주디스를 만났다. 탐정이라는 새로운 역할을 맡기 전까지 그는 몇 주도 채 되지 않아 때려치운 만족스럽지 못한 직업 몇 개를 거쳤다. 샌프란시스코에서는 댄스강사, 오클랜드에서는 앨범 외판원, 브루클린에서는 중고차 판매원, 뉴욕시의 슬럼가에 있는 헬스키친에서는 보이스카우트 대장을 맡기도 했다.

　　동부 연안의 브루클린으로 이주한 헤밍은 뉴욕시와 역사와 문화를 대표하는 그곳의 모든 것에 매료되었다. 미국 서부인들은, 적어도 비트 이후의 문화가 등장하고 샌프란시스코가 뉴욕의 문화적 라이벌로 떠오르기 전까지는,

　　　　　　　　　　　　　　　　　　　　　　게리 헤밍

동부에 대해 일종의 열등감을 늘 갖고 있었다.

그는 개인 비행기로 샌프란시스코를 떠났다. 어떻게 해서 아무도 모르게 이걸 구할 수 있었을까. 빌 버킹엄과 함께 공항으로 전송을 나간 스티브 로퍼Steve Roper에 의하면, 그건 날개가 나무와 천으로 된 소형 비행기였다고 한다. 비행기는 지상을 이륙해 선회하며 점점 더 고도를 높이더니 하늘 높이 떠오른 후 동쪽으로 사라졌다.

혜밍은 거대한 산들이 있는 시에라가 그리워지리라는 걸 잘 알고 있었지만 등반은 계속할 수 있을 것으로 기대했다. 티톤에서 등반할 때 그는 유명한 독일 알피니스트로 미국 시민이 된 프리츠 비스너Fritz Wiessner를 만난 적이 있었다. 비스너는 뉴욕에서 그리 멀지 않은 샤완건크스Shawangunks의 등반 이야기를 해줬고, 그를 미국산악회 뉴욕지부에 소개시켜주었다.

혜밍은 서부에서 알았던 등반가들과는 언제나 친하게 지냈으며, 질투나 단순한 의견, 혹은 성격 차이를 이유로 그를 좋아하지 않는 등반가들과는 중립적인 관계를 유지했었다. 건크스에서 혜밍은 그 지역을 주름잡던 '속물들vulgarians'과 어울리는 데 처음으로 어려움을 겪었다.

게다가 직업도 정신이 산만한 그에게는 잘 맞지 않았다. 몇 번의 변신 끝에 그는 마치 추리소설에나 나올 법한 탐정 역할에 뛰어들었다. 하지만 곧 그는 바람 피우는 남편과 부인을 쫓아다니고, 기업 정보를 모으고, 불량 채무자와 잉여계좌를 쓴 수표를 조사하는 등의 지저분한 일상에 얽매인 자신의 모습을 발견했다.

만약 주디스를 만나지 못했다면, 어쩌면 모든 걸 내팽개치고 서부로 돌아갔을지도 모른다. 그들은 건크스에서 처음 만났으며 며칠 후 헤밍은 뉴욕빌에 있는 그녀의 작은 아파트로 들어갔다. 난생처음 헤밍은 모험을 갈망하기보다는 한 여성 곁에 머물고 싶다는 욕망을 느꼈다. 그리고 처음으로 '얽매일지도' 모른다는 두려움을 느꼈다. 그래서 그는 주디스가 아직은 성숙하지 못해 인생을 조금 더 살 필요가 있다고 결론짓기로 했다. 그리고는 도움을 주고, 등반기술도 알려주고, '자신을 어떻게 발견하는지' 보여주라는 편지 한 통과 함께, 그녀를 티톤의 빌 브릭스에게 보냈다. 그런 이별의 행위와 모순되긴 했지만 주디스에게는 다시 돌아오면 결혼을 할 것이며, 함께 유럽으로 여행도 떠날 것이라고 약속했는데, 그건 당시의 헤밍이 자주 꿈꾸던 이상이었다.

주디스는 1959년 여름 티톤으로 떠났다. 그녀는 자신이 더욱 성장할 수 있도록 도와주려고 노력하는 헤밍에게 고

마음을 느꼈거나, 아니면 멀리 보내버리는 그에게 마음이 상했을 수도 있다. 어쨌거나 헤밍의 생각과 달리 그녀는 아마도 그렇게까지 미성숙하지는 않았던 것 같다. 그녀는 헤밍의 약속에도 불구하고, 그가 얽매이기 싫어한다는 사실을 이해했다. 사실 그녀는 브릭스의 동료가 된 걸 좋아했는데, 그는 그녀를 조금 더 진지하게 돌봐주었기 때문이다. 곧 그들의 관계는 로맨틱하게 발전해서 가이드 힐에 있는 사람은 누구나 그들의 감정을 눈치 챌 수 있었고, 결국 그 소문은 뉴욕에 있는 헤밍의 귀에까지 들어갔다.

처음에 그는 그 소문을 믿지 않았다. 주디스가 자신보다 브릭스를 더 좋아하는 건 있을 수 없는 일이었기 때문이다. 하지만 곧 확신은 의심으로 바뀌기 시작했고, '주디스에게 보내는 저 유명한 70페이지짜리 편지'를 쓴 다음, 자신의 소녀를 구하기 위해 여행을 떠날 준비를 했다. 마치 중세시대의 성 조지가 용으로부터 공주를 구하러 떠나는 것처럼 ….

하지만 그러는 사이 브릭스와 주디스는 포크송 가수이자 브릭스의 친구인 밥 콜트먼Bob Coltman과 함께 멕시코로 여행을 떠났다. 여행 계획을 서둘러 세우면서 그들은 스털링 닐과 별명이 '카를로스Carlos'인 찰스 플러머Charles

Plummer와 상의했는데, 멕시코 출신의 카를로스는 멕시코시티에 있는 자신의 부모 집에서 머물 것을 권했다. 처음에는 등반 여행을 할 생각이었으나 브릭스는 계획을 바꾸어, 여행 중에 콜트먼을 따라다니며 '인기 있는 멕시코 음반을 수집하기로' 했다. 사실 그는 헤밍이 이미 서부로 떠났다는 걸 알고 있었기 때문에 잭슨홀에서 그와 마주치고 싶지 않았다.

헤밍이 서부에 도착했을 때 닐과 카를로스 역시 떠날 채비를 하고 있었다. 그들은 함께 여행을 하면서 멕시코 북부에 있는 눈 덮인 화산 몇 개를 오른 후에 남쪽으로 아카풀코Acapulco까지 내려가기로 했다. 그러자 티튼공원의 레인저이자 상관인 더너건Dunnagan과, 매킨리를 등반한 후 그곳에서 『라이프Life』지의 사진작가 조수 겸 공원 관리인으로 일하며 1년을 머물다 알래스카에서 막 돌아온 피트 싱클레어가 함께 가겠다고 나섰다.

헤밍을 포함한 그들 다섯은 픽업 두 대에 등반장비와 스키를 잔뜩 싣고 출발했다. 눈보라로 콜로라도에서 며칠간 발이 묶여 있을 때는 그 상황을 활용해 10월 초, 그 시즌 처음으로 스키를 조금 타기도 했다. 그런 다음 그들은 남쪽으로 계속 내려갔다.

카를로스는 어머니를 보러 멕시코시티로 곧장 달려가

고 싶어 했지만, 헤밍과 더너건은 '멕시코의 진면목을 알고 싶다'며 마을마다 들르자고 고집을 부렸다. 헤밍은 사실 브릭스와 주디스가 어디에 있는지 전혀 알지 못했다. 딱히 묘안이 없었던 그는 혹시나 그들에 대한 단서를 찾을 수 있지 않을까 하고 마을마다 사람들을 붙잡고 물어보곤 했다. 닐과 카를로스는 화산을 몇 개 오르고 싶어 했지만, 헤밍은 그에 굴하지 않고 마을마다 탐문조사를 이어갔다. 눈과 얼음 천지인 알래스카에서 열두 달을 보낸 피트 싱클레어는 등반 프로그램을 미루면서 헤밍을 따라다니는 걸 너무나 좋아했다.

그들 일행은 술집과 게스트하우스를 드나들기도 하고 지역 주민들과 잡담을 나누기도 하면서 이 마을 저 마을 여행을 계속해나갔다. 심지어 카를로스를 포함해 어느 누구도 스페인어를 잘하지 못했으며, 그는 어린 시절 스페인어를 배워두지 않은 걸 후회하기 시작했다. 하지만 그들은 그럭저럭 잘 헤쳐 나갔고, 소풍에 나선 어린아이들처럼 몹시 즐거워했다. 포악한 바이킹처럼 보이는 헤밍을 제외한 나머지는 학생들 무리와 비슷한 모습이었다. 기분에 따라 끊임없이 변하는 헤밍의 표정은 엄청난 영향력이 있었으며, 심지어 그는 훨씬 더 위압적으로 보이도록 의치를 빼내고 주디스를 만날 때까진 절대로 다시 끼우지 않겠다고 맹

세하기도 했다.

　　종종 그들이 술집에 가면 몇 잔만 마셔도 헤밍이 공격적인 성향을 드러내는 바람에 난장판이 되곤 했다. 작지만 복작거리는 시오다드 토레온Ciudad Torreón에서는 싸움이 벌어지려 하자 피트 싱클레어가 헤밍의 맥주잔에 수면제를 몰래 집어넣기도 했다. 헤밍은 그 장면을 보지는 못했으나 한 모금 들이키고는 바로 알아차렸다. (혹은 알면서도 짐짓 마시는 척했는지 모른다.) 그는 맥주가 가득 찬 술잔을 벽에 내던진 다음, 종업원의 멱살을 잡고 그를 들어 올려 벽으로 밀쳤다. "세 놈! 너희들 세 놈 상대해 줄게."라고 그는 고함쳤다. "3대1이야!" 체구가 있는 그가 작은 멕시코인을 한 번에 하나만 상대하는 건 불공정하다고 생각했기 때문이다. 친구들이 진정시키려고 애를 썼지만 소용없었다. 결국 그들은 일이 더 커지기 전에 헤밍을 등반용 로프로 묶은 다음 살라미소시지처럼 들고 나가 작은 픽업에 싣고 재빨리 달아났다.

　　일단 마을을 벗어난 그들은 캠프사이트를 찾기 위해 멈춰서야 그를 풀어주었다. 헤밍의 복수를 예상했지만 놀랍게도 그는 멀리 걸어가 옥수수 밭에 잠자리를 마련했다. 그들은 그가 밤새도록 엉엉 우는 소리를 들었다고 지금도 이야기한다.

게리 헤밍

다음 날 아침이 되자 그는 보통 때와 마찬가지로 천진 난만한 미소를 띠며 친구들이 있는 곳으로 돌아왔다.

일행은 헤밍을 주시하며 여행을 계속했으나 몇몇 작은 소동은 피할 수 없었다. 그들은 문제를 일으키지 않기 위해 사창가를 피했고, 헤밍은 자신이 매력적이라서 창녀들은 반드시 자기와 함께 자야 한다고 고집을 부렸다. 친구들이 그럴 거면 그 돈은 네가 내라고 했을 때는 자존심도 상했을 것이다. 마침내 그들은 멕시코시티에 도착했다. 그곳에서 카를로스의 어머니는 춤을 가르쳐주며, 짬짬이 그들을 도시와 그 주변으로 안내했다.

이제 진지한 계획을 세울 때가 되어 카를로스는 이스타시와틀Ixtaccihuatl(5,289m)과 오리사바Orizaba(5,636m)라는 두 개의 화산을 오르자고 제안했다. 하지만 브릭스와 주디스를 멕시코시티에서 찾을 수 있으리라 기대한 헤밍은 안타깝게도 수색 작업을 계속 해나가야만 했다. 눈과 얼음이 아직 뼛속까지 사무쳐 있는 싱클레어는 남쪽으로 향하는 여행에 한 표를 던졌다.

해안 마을에서 헤밍은 열여섯 살 난 임신 6개월의 소녀와 사랑에 빠졌다. 그는 그녀를 도와주고 싶어 했으나, 보통 때와 마찬가지로 그의 백기사 역할은 오히려 사태를 복잡하게 만들면서 문제만 일으켰다. 그러던 어느날 헤밍과 함께 소녀가 그의 방으로 들어갔고, 그들을 의심한 호텔 주인은 친구들에게 호텔의 창업 취지를 존중하라고 연설을 늘어놓으며 여자를 방으로 들이면 모두 쫓아내겠다고 위협했다. 그건 정말이지 심각한 문제였다. 그들은 헤밍의 방에서 주인 몰래 소녀를 불러내려 했으나, 헤밍은 현관에서 꼼짝도 하지 않고 버텼다. 몇 시간이 지난 후 그들이 생각해낸 유일한 해결책은 등반용 로프로 그를 또다시 결박하는 것이었다. 그들은 하이힐을 신고 뻣뻣한 속치마를 입은 임신 6개월의 소녀를 달래서 창문 밖으로 내려주었다.

아카풀코에 도착한 그들은 방향을 바꾸어 멕시코시티로 되돌아갔는데, 그곳에서 브릭스와 주디스와 콜트먼이 일주일 내에 도착한다는 반가운 소식을 듣게 되었다. 그러자 헤밍은 여행을 중단하고 화산인 이스타시와틀을 오르기로 했다.

브릭스는 카를로스의 어머니에게 전화해 친구들에게 도착 사실을 알려달라고 말했다. 운명의 그날, 헤밍은 친구들에게 각자의 역할을 할당했다. 그들은 작전상 출입문 양쪽과 접견실에서 대기하고, 헤밍은 마치 복수의 화신인 아즈텍 전사처럼 팔짱을 끼고 홀에서 기다렸다. 브릭스와 주디스가 들어오자 분위기가 달아올랐지만, 아무 일도 일어나지 않았다. 헤밍 앞에서 죄를 지은 사람마냥 고개를 숙인 브릭스는 헤밍이 싸움을 걸어도 대응하지 않았다. 헤밍은 브릭스를 밀쳐 바닥에 넘어뜨렸으나 그는 덤벼들지 않았고, 그게 전부였다. 이런 소동이 벌어지는 동안 주디스는 마치 얌전한 마돈나처럼 눈을 내리깔고 서 있었다.

이어서 끝없는 논쟁이 계속되었다. 우선 헤밍과 브릭스가 논쟁을 벌이러 자리를 떴다. 그들이 돌아오자 헤밍은 주디스를 한쪽 구석으로 데려갔고, 그 후 주디스는 브릭스와 함께 밖으로 나갔다. 그들이 자신들만의 시간을 갖는 동안 헤밍은 그들을 찾아다니며, 만약 그들이 숲속에 있다면 둘 다 피켈로 찍어버리겠다고 큰소리쳤다. 싱클레어는 그들이 시내 한복판에 있고, 가장 가까운 숲도 수 킬로미터나 떨어진 곳에 있다며 그를 진정시키려 애썼다. 마침내 브릭스와 주디스가 돌아오자 헤밍은 주디스를 데리고 밖으로 나갔고, 이어 브릭스를 데리고 나간 다음, 다시 브릭스가 주디스를 데리고 나갔다.

결국 주디스는 버스를 타고 미국으로 돌아가고, 브릭스는 헤밍과 함께 오리사바를 오르는 것으로 결론이 났다. 주디스와 헤어지기 전 헤밍은 '주디스의 부모에게 보내는 저 유명한 20페이지짜리 편지'를 썼다. 그는 편지에 소녀

멕시코의 오리사바 산 정상(5,636미터)으로 향하는 게리 헤밍(왼쪽)과 스털링 닐

를 어떻게 다뤄야 하는지, 그녀를 도와주어야 하는지, 아니면 야단을 쳐야 하는지에 대해 설명과 조언을 늘어놓았다.

이 사건에 대해서는 멕시코시티에서 헤밍이 이유를 대라며 브릭스와 싸웠다는 버전이 더 많이 돌아다니지만 그건 사실이 아니다. 현장에 있었던 브릭스, 닐, 카를로스, 그리고 싱클레어, 네 사람 모두 이 책의 저자인 나에게 사실이라며 들려준 이야기는 모든 일이 폭력 없이 끝났다는 것이었다. 실상은 해피엔딩을 좋아하지 않은 사람들이 제각각 이야기를 꾸며낸 것이다.

게리 헤밍

헤밍과 닐과 카를로스만 북미에서 세 번째로 높은 오리사바의 정상에 올랐다. 브릭스와 다른 사람들은 직전에 벌어진 일과 고소로 인해 반쯤 올라가다 발길을 돌렸다.

미국으로 돌아오는 도중 멕시코 국경에서, 나머지는 세관을 모두 통과했는데 아스피린을 아무리 먹어도 두통이 낫지 않아 고생하던 싱클레어가 구급함에서 코데인codeine이 들어있는 작은 병을 꺼냈다. 젊고 열성적인 한 세관원이 그걸 보고 캐물었다. "그게 뭡니까?" "또 뭘 가지고 있습니까?" 수색을 앞두고 그들은 자백했다. "수면제와 모르핀이요." 이 '모르핀'이라는 말에 세관원들은 즉각 반응하며 그들의 짐을 샅샅이 뒤졌다. 그들은 미국 법무부와 모르핀을 처방해준 의사에게 전화도 걸었는데, 그 처방전은 다트머스산악회의 구조대를 위한 것이었다.

하지만 무엇보다 세관원들의 의심을 가장 많이 샀던 것은 페이지마다 빼곡히 손으로 갈겨쓴 헤밍의 일기장 4권이었다. 그는 여행하며 느낀 감정과 분노를 일기에 그대로 표출했으며, 그것도 전혀 정제되지 않은 언어로 되어 있었다. 따라서 담당 세관원은 모르핀보다 이 일기가 더 의심스럽다고 판단했다.

곧바로 철저한 심문이 이어졌다. 주 검찰은 일단 그들

다섯이 마약을 밀수하지 않았다고 보고 유죄 판정을 내리지 않았지만, 담당 세관원은 헤밍을 사무실로 불러 주디스가 누구인지 물었다. 헤밍은 대답하지 않았다. 설상가상으로 헤밍은 싱클레어에게 빌린 헨리 밀러Henry Miller의 『북회귀선Tropic of Cancer』과 『남회귀선Tropic of Capricorn』 책들에 대해서도 일기에 기록해두었는데, 외설적이라는 이유로 미국 내에서 금지된 책들이었다. 마침내 풀려들 나긴 했지만 재판에 대기해야 했고, 닐의 폭스바겐 밴이 압수당하는 지경에 이르렀다. 그들은 텍사스에 머물면서 밴을 되찾고 재판 비용을 마련하기 위해 일자리를 찾아야 했다. 헤밍의 일기장 4권은 세관에 압수되었다.

싱클레어는 그때를 회상하며, 밀러의 책 두 권이야말로 헤밍이 프랑스로 가기로 한 결정적 요인이라고 단언했다.

게리 헤밍

CHAPTER EIGHT

구대륙

텍사스에서 헤밍은 뉴욕으로 돌아가지 않기로 했다. 그리고 일을 그만두기로 하자 돌아가는 걸 늦출 수 있는 기회가 생겼다. 그들은 파이프라인 건설현장에서 임시로 일자리를 얻었는데, 그 프로젝트가 끝나자 친구들은 고향으로 향한 반면, 헤밍은 남부에 머물며 다른 일거리를 찾았다. 뉴올리언스에서 새우잡이 일을 찾은 그는 멕시코만에서 몇 달을 보냈다. 그런 다음 탬파Tampa에서 과일을 따는 일을 하며 시간을 보낸 후에 마침내 고향인 샌디에고로 돌아가기로 했다. 그리고 이제 그는 더 이상 시간을 낭비하지 않고 유럽으로 간다는 자신의 프로젝트를 실행하기로 했다.

크리스마스에 존 할린이 독일 주둔 미 공군에서 5년간 근무하기 위해 떠날 거라며 편지를 보내왔다. 할린은 대학에 다니는 동안 조종사 자격증을 땄으며, 스무 살에 결혼한 할린이 편지를 보냈을 때는 스물넷에 아이가 둘이나 있었다. 가족을 둔 채 등반과 모험으로 먹고 살기가 결코 쉽지 않았음에도 할린은 알프스로 돌아가고자 하는 자신의 꿈을 키워왔으며, 4년 전에 시도한 바 있는 아이거 북벽을 오르고 싶어 했다. 베르너 오버란트Bernese Oberland에 위치한 아이거 북벽은, 기술적인 어려움과 더불어 갑작스런 폭풍설과 낙석들로 알프스에서도 가장 어려운 곳 중 하나이다. 1938년 마침내 정복되기 전까지 많은 사람들이 그곳에서 죽었으며, 그들 중 상당수가 다시 오르려다 변덕스러운 벽으로 인해 희생되었기 때문에 시도 자체만도 대단한 용기가 필요한 일이었다.

첫 번째 시도에서 할린은 파트너를 잘못 선택하고 말았다. 1953년 에드먼드 힐러리Edmund Hillary와 함께 에베레스트를 초등한 셰르파 텐징 노르가이Tenzing Norgay가 몇몇 회의에 참석하기 위해 스위스에 있었다. 할린은 명성만 듣고 그를 선택했고, 텐징은 아마도 호기심에 수락한 것 같았다. 하지만 텐징은 북벽에 어울리는 산악인이 아니었다. 텐징은 나이도 경험도 자신의 반밖에 안 되는 젊고 야망이 넘치는 할린이 복잡한 로프 조작을 가르치려 들자 점점 인내심을 잃었다. 결국 그들은 노멀 루트로 융프라우를 올라 서쪽 능선에서 아이거 북벽을 관찰한 후 헤어지고 말았다. 그런 다음 할린은 공군에서 임무를 부여받고 라인 지역의 한Hahn에 있는 나토NATO 기지로 갔다. 그는 아내와 아이들을 데리고 떠나기 전 헤밍에게 편지를 보냈다. "우린 널 기다릴 거야."

미국에서 헤밍은 여행 경비와 처음 몇 달 동안 유럽에서 지낼 체류비를 벌어야 했다. 프랑스어를 배우고 싶었던 그는 알프스와 가까운 프랑스에 학생 신분으로 가기로 했다. 그레노블Grenoble대학으로부터 어렵사리 학생 보조금을 받게 된 그는 1960년 11월 마침내 유럽으로 떠났다.

베르코르Vercors 산군 기슭에 있는 아름다운 도시 그레노블은 사보이와 몽블랑 산군에 가까운 곳으로, 대학은 도시의 구시가 내 강 위쪽 바위지대에 위치해 있었다. 그곳이야말로 헤밍이 항상 꿈꿔온 유럽이었다. 구시가의 벽과 건물들은 오랜 역사와 문화를 상징적으로 보여주고 있었다. 의사소통을 위해 그는 프랑스어부터 빨리 익혀야 했으며, 그와 더불어 많은 계획도 세웠다. 그중 가장 중요한 건 작가가 되고 위대한 알피니스트가 된다는 자신의 두 가지 꿈을 실현하는 것이었다. 이렇게 꿈을 키워나가는 동시에 도시를 둘러싼 산에서 체력을 단련했다.

　그레노블 바로 외곽에는 그리 높지 않은 암장이 하나 있는데, 헤밍이 클로드를 만난 곳이 바로 그 암장이었다. 헤밍보다 한 살이 더 많은 그녀는 당시 취미로 등반을 하고 있었다. 청교도 집안 출신의 클로드는 그레노블에서 교사 일을 하며 혼자 살고 있었고 영어도 능숙했다. 새로운 언어를 익히는 데 예상보다 시간이 더 많은 걸리고 있던 상황에서 이것은 둘의 관계 발전에 큰 도움이 되었다. 헤밍은 우아하고 독립심 강한 클로드에게 반했다. 비록 "맙소사, 당신은 머리 좋은 것 빼곤 볼 게 하나도 없어!"라고 공공연히 내뱉긴 했어도, 그녀를 알아갈수록 헤밍은 그녀의 지성과 교양에 감탄했다.

　헤밍은 클로드와 함께 구시가에 월세방을 얻었는데, 이로써 헤밍에게는 흔치 않은 안정기가 시작되었다. 클로드를 만나고 헤밍은 매우 행복해했다. 그녀의 독립적인 생활 방식이, 뉴욕에서 알게 된 주디스와는 달리, 자신을 '얽매이게' 할 것 같지 않아서였다. 같은 집에서 살긴 했어도 그들은 각자의 방식을 따랐기 때문에 상대방을 감정적으로 힘들게 하지 않았다. 헤밍은 대학에 다니면서 공부도 하고 훈련도 하고 글도 썼는데, 특히 글을 아주 열심히 썼다. 클로드는 자신의 존재를 드러내지 않으면서 헤밍을 끊

　　　　　　　　　　　　　　　　　　　　게리 헤밍

임없이 격려했다. 그녀 역시 자신만의 공부와 관심거리를 비롯해 따로 어울리는 친구들이 있었다. 가끔 그녀는 헤밍과 함께 산에 가곤 했지만 집에서 그를 기다리는 시간이 더 많았다. 산에 가는 걸 좋아하긴 했어도 열정을 보이진 않았고, 따라서 진정한 알피니스트는 아니었다.

헤밍은 사람들과 사귀면서 우정을 키워나갔다. 그는 훌륭한 알피니스트들인 토머스Thomas 형제를 비롯해, 프랑스가 북아프리카 식민지배의 종식을 선언하면서 '피에느와르pied noir*'가 되어 알제리 독립전쟁 이후 알제리에서 프랑스로 돌아온 조르주 콜롱바Georges Collombat와 가깝게 지냈다. 젊지만 건강이 좋지 않은 그는 소년같이 예민하면서도 신비로운 정신을 갖고 있었다. 어린 시절을 보냈던 따뜻한 지역에 향수를 느낀 콜롱바는 산에서 위안을 찾았고, 그를 좋아하게 된 헤밍은 보호자 역할을 자처했다.

그다음 몇 년 동안 헤밍은 알프스에서 등반도 하고 공부도 하고 글도 쓰며 바쁘게 지냈으며, 많은 시간을 할애해 캘리포니아 자유등반에 대한 책을 썼다. 프랑스에서 책을 내고 싶어서 프랑스어로 이 책을 쓰고 싶었지만, 그러자니 끝도 없이 수정을 해야 했다. 이 당시 헤밍은 존 할린에게 편

———* (특히 알제리의) 프랑스인 이민자 〈역주〉

지를 자주 썼다. 그리고 군사기지의 답답한 환경에서 벗어나고자 할린이 옮겨간 모젤Moselle 계곡의 베른카스텔로 그를 찾아갔다. 안락한 할린의 집 분위기에 놀라 둘러보니 그곳에는 에어컨과 주방기구와 아이들 장남감 등이 있었다. 헤밍이 올가미라고 생각하는 결혼생활을 할린이 하고 있었던 거다. 하지만 다행스럽게도 자신을 그 올가미에서 구해줄 헤밍이 그곳에 와주었다. "함께 뭘 좀 해보면 어떨까? 아주 커다란 프로젝트 말이야. 중요한 건데, 어떻게 생각해?"

당시에는 우주 탐험이 유망한 과학기술로 부상하고 있었는데, 헤밍은 히말라야의 봉우리 중 하나에 '고소우주 실험실'을 만들면 어떨까 생각했다. 실험실은 실제 우주비행사에 대한 차원 높은 훈련센터가 될 수 있고, 고소는 우주여행에 수반되는 조건을 이해하는 데 완벽한 장소가 될 수 있을 것 같았다. 할린 역시 이 프로젝트에 큰 관심을 보여, 그 둘은 이것을 두고 각자의 진행사항을 계속 공유하면서 얼마간 따로 떨어져 작업을 했다. 실험실은 에베레스트에 이어 세계 제2위의 고봉인 K2에 설치하기로 했다. 당연히 그들은 미국 정부의 협조를 이끌어내야 했고, 그렇게 하려면 미국인이 한 번도 올라본 적이 없는 K2로 미국 원정대를 끌고가서 이 프로젝트와 연계시켜야 했다. 원정대는 헤밍과 할린이 주도하면 된다. 물론 실험실에 대한 아이디어는 K2를 등반하고자 하는 핑계에 불과했지만, 그 둘은 이 프로젝트의 과학적 측면에 대해 상당한 관심을 불러일으켰다. 할린이 매우 구체적인 계획서를 만들자 공군에서 우주 프로젝트에 관련돼 있는 생리학자가 검토에 들어갔다. 심지어 한에 있는 미군기지의 사령관은 생물천문학 워싱턴 사무소에 추천서를 써주기도 했다. 할린은 자신이 곧 워싱턴으로 날아가 주요 장군들을, 아마 맥나마라 McNamara 국방부 장관까지도, 만날 수 있을 것으로 확신했다.

그러는 사이 헤밍은 이 프로젝트의 등반 쪽 일로 바빴다. 그는 미국에 있는 친구들과 꾸준히 연락을 주고받고 있었는데, 티톤에서 만난 적이 있는 윌리 언솔드Willi Unsoeld에게도 이 프로젝트를 설명하는 편지를 보냈다. 언솔드는 히말라야 베테랑이었다. 1953년 난다데비Nanda Devi에서 첫 원정등반을 한 그는 경험과 지식이 풍부해 이 프로젝트에 꼭 필요한 인물이었다.[*]

───[*] 아시아의 고산, 특히 난다데비의 아름다움에 반한 언솔드는 딸을 낳자 이름을 난다데비 언솔드라고 짓는다. 1976년, 스물두 살이 된 난다데비 언솔드는 자신의 이름과 똑같은 난다데비를 올라보고 싶다며 아버지 일행과 함께 원정을 떠난다. 하지만 그녀는 7,300미터의 4캠프에서 시름시름 앓다 아버지가 준 하모니카를 품에 안고 죽는다. 그러자 일행은 아버지가 하모니카를 슬프게 부는

하지만 언솔드는 약간 유보적인 자세를 취했다. 우주비행사를 위한 고소 훈련센터라는 기본틀은 괜찮았지만, K2는 접근도 어려울뿐더러 언제든 눈사태가 일어날 수 있어 이상적인 산이 아니었다. 그는 비행기나 헬기로도 접근할 수 있는 더 쉬운 지역을 택하라고 조언했다. 아울러, 예를 들면 티베트 국경 같은 지역은 정치적 문제가 일어날 수 있기 때문에 피하는 것이 좋다는 충고도 곁들였다. 우주실험실과 관계없이 K2 원정등반에 대한 아이디어는 환상적이었다. 산소 부족을 비롯해 육체적·심리적으로 가혹한 조건까지 감안하면, 고소는 우주비행사들이 훈련하기에 안성맞춤일 것 같았다. 그러나 언솔드는 산악인들과 함께할 우주비행사들이 어떤 걸 얻을 수 있는지 이해하지 못했다. 그는 이 프로젝트를 둘로 나눠 따로 진행하는 것이 더 낫다는 결론을 내렸다.

이런 의견에도 불구하고 그는, 원정등반에 필요한 장비를 어디서 구입해야 하는지 등에 대한 유용한 정보와 주소를 헤밍에게 알려줬다. 그는 이미 미국 에베레스트원정대에 초청되었지만, 이번에는 참여하지 않을 작정이었다. 1963년의 그 원정등반에서 미국인들은 세계 최고봉을 처음으로 올랐다.

가운데 그녀를 수천 미터 아래의 빙하에 던져 히말라야에 묻는다. 〈역주〉

게리 헤밍

여전히 헤밍은 프로젝트를 계획대로 밀고 나가고 싶어 했지만, 할린의 온갖 노력에도 불구하고 그들의 프로젝트는 결정권자의 책상에도 오르지 못한 채 결국은 없던 일이 되고 말았다.

그러자 헤밍과 할린은 자신들의 거창한 아이디어를 포기하고, 아주 대단하진 않아도 실용적인 것을 추구하기로 했다. 그들은 1961년 여름을 함께 등반하며 보내기로 하고 루트 목록을 만들었다. 헤밍은 알프스에서 보내는 진짜 첫 시즌이라 기대에 부풀었지만, 할린과 함께 어울리며 등반하기란 결코 그리 쉽지 않았다. 사실 둘 다 성격이 매우 강해서 어느 정도는 예상된 일이기도 했다. 타고난 대장 스타일들이라 어떤 일을 하라고 지시받는 걸 참지 못했기 때문이다.

분란의 첫 조짐은 헤밍이 할린의 집에 함께 머물던 3월에 나타났다. 같이 등반하려고 일주일간 그곳에 머물고 있었으나 발을 다치는 바람에 계획을 취소해야 했다. 할린은 헤밍에게 관대하지 않았고, 그로 인해 등반할 기회가 날아갔다며 헤밍에게 분풀이를 했다.

그해 여름 그들은 빙하나 계곡에 작은 텐트 하나를 치고 대부분의 시간을 몽블랑 산군에서 보냈는데, 등반을 하

몽블랑의 프레네이 측면

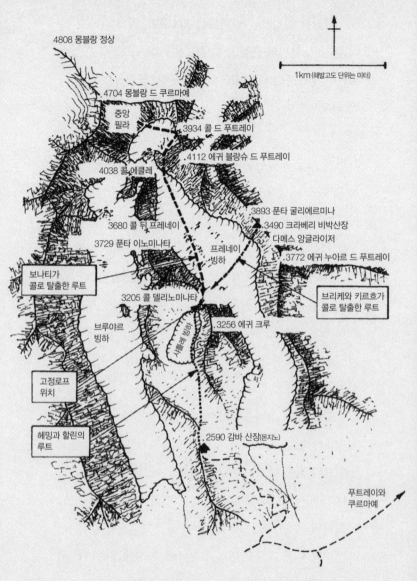

4808 몽블랑 정상

4704 몽블랑 드 쿠르마예

중앙
필라

3934 콜 드 푸트레이

.4112 에귀 블랑슈 드 푸트레이

4038 콜 에클레

3893 푼타 굴리에르미나

3680 콜 뒤 프레네이

.3490 크라베리 비박산장
다메스 앙글라이저

3729 푼타 이노미나타

프레네이
빙하

.3772 에귀 누아르 드 푸트레이

보나티가
콜로 탈출한 루트

3205 콜 델리노미나타

브리케와 키르흐가
콜로 탈출한 루트

3256 에귀 크루

브루야르
빙하

고정로프
위치

헤밍과 할린의
루트

.2590 감바 산장(몬지노)

푸트레이와
쿠르마예

1km (해발고도 단위는 미터)

그림: 게리 톰셋Gary Tompsett

러 가지 않을 때는 나쁜 날씨를 놓고 다투고, 심지어는 함께 등반할 때도 서로 으르렁댔다. 눈과 얼음에 익숙한 할린은 그런 지형에 경험이 부족한 헤밍에게 짜증을 냈고, 헤밍은 자주 그의 실력에 대해 잔인한 농담을 건네곤 했다. 한편 헤밍은 자유등반 실력도 좋아지고 있었지만 인공등반을 아주 잘했다. 일례로 그랑카퓌생Grand Capucin에서 할린이 로프를 서툴게 다루자 헤밍은 서슴없이 그 일을 시시콜콜하게 걸고넘어졌으며, 이에 할린이 몹시 화를 낸 적도 있었다.

7월은 내내 날씨가 좋지 않아 산을 반쯤 올라가다 내려와야 하기 일쑤였으며 초등만 몇 개 할 수 있었다. 에귀 느와르 드 푸트레이Aiguille Noire de Peutrey의 남쪽 리지에서 갑작스러운 눈보라로 하루를 보낸 그들은 더이상 시간을 낭비하지 않고 독일로 돌아가기로 했다. 계곡에 비까지 내려 날씨가 좋아질 가망이 거의 없었기 때문이다.

　　그러나 그렇게 텐트를 걷고 있을 때, 바로 옆에서 야영하던 두 젊은이가 푼타 굴리에르미나Punta Gugliermina로 등반을 떠나 며칠째 나타나지 않고 있다는 사실을 알게 되었다. 스위스인 앙리 브리케Henri Briquet와 콘래드 키르흐Konrad Kirch라는 이름의 독일인이었다. 두 사람 중 하나의 여자 친구가 구조대에 이 사실을 알려 가이드 둘이 쿠르마예에 도착했지만, 그 둘만으로는 폭설이 내린 상황에서 할 수 있는 게 아무것도 없었다. 어떻게 하지? 헤밍과 할린은 아무것도 아닌 문제로 다투곤 했지만 상황이 이렇게 되자 지체 없이 조난자들을 돕기 위해 감바 산장Rifugio Gamba으로 올라갔다. 불청객이라도 된 양 가이드 둘과 산장지기로부터 환대는 받지 못했으며, 쿠르마예에서 구조대가 올라오고 있는 중인데 오지 못하면 그때나 도와달라는 말을 들었다. 다행히 구조대가 나타나서 내려가려던 참에 미국인들은 흠뻑 젖은 프랑스인 다섯을 만났다. 그들은 프랑스 산악인 넷이 프레네이Frêney 중앙 필라에 고립되어 있다고 전했다.

"그들이 누군가요?"

"기욤Guillaume과 비에이유Vieille, 그리고 다른 두 사람입니다." 그 다른 두 사람은 마조Mazeaud와 콜망 Kohlman이었다.

"이런, 기욤과 비에이유는 우리가 아는 사람이잖아. 중앙 필라! 우리 목록에 있는 루트였는데."

이 등반은 실제로 그들 계획에도 있던 것이었는데, 바로 몽블랑 산군 남쪽에 있는 미등의 마지막 대과제였다. 유럽의 내로라하는 산악인들이면 모두 초등 경쟁에 뛰어들고 있는 그곳에, 이탈리아인 세 명이 프랑스인들과 함께 고립되어 게 분명해 보였다. 그들 중 하나는 위대한 알피니스트 발터 보나티였고, 가장 뛰어난 두 동료 오지오니Oggioni와 밀란 출신의 갈리에니Gallieni가 그와 함께 있었다.

비가 계속 내렸다. 프랑스인들은 일단 요기를 하고 잠도 좀 잔 후, 다음 날 아침 에귀 크로Aiguille Croux로 올라가 그 산악인들이 있는 곳을 쌍안경으로 살펴보기로 했다. 그럼 가이드들은? "우리가 할 수 있는 게 아무것도 없어요. 너무 어렵습니다." 그들 역시 다음 날 아침까지 기다린 후 콜 에클레Col Eccles로 올라가 무엇을 할 수 있는지 알아보기로 했다.

헤밍과 할린은 프랑스인들과 함께 에귀 크로로 올라가서, 역시 푼타 굴리에르미나를 살펴보기로 했다. 다른 두 젊은이는 여전히 살아있을까? 가이드 셋이 다음 날 그들을 찾으러 가기로 했다.

하지만 다음 날에도 눈이 계속 내렸다. 대피소 밖으로 나가본 가이드들은 "눈이 계속 내리네."라며 침상으로 돌아갔다. 헤밍과 할린은 점점 더 화가 났다. 결국 그들 모두 자리에서 일어났지만 프랑스인들은 자신들의 계획을 변경했다. 가이드들과 함께 콜 에클레로 가기로 한 것이다. 그러나 헤밍과 할린은 에귀 크로로 간다는 원래의 계획을 고수했으며, 그곳으로 올라가는 도중에 눈 덮인 사면을 내려오는 세 사람과 마주쳤다. 그들은 푼타 굴리에르미나에서 실종된 두 젊은이를 구조하기로 한 세 명의 가이드였다. 구조를 포기한 건가? 헤밍과 할린은 그들을 대신해 스위스인과 독일인을 구조하러 가기로 결정했다. 필라에 있는 프랑스인들은 그토록 위대한 산악인 보나티와 함께 있기 때문에 걱정할 필요가 없다고 결론 짓고 상황이 끝난 것으로 판단했다. 몽블랑 산군을 그 누구보다 잘 알고 있는 보나티였기에 이미 상당히 내려왔을지도 모를 일이었다.

그리하여 그들은 산장으로 돌아가 산장지기에게 자신들의 계획을 알렸다. 두 사람 정도가 겨우 들어갈 수 있는 양철 지붕의 조그만 비박산장 '다메스 앙글라이저Dames Anglaises'에 가보겠다는 것이다. 그러자 산장지기는 콜 델 리노미나타Colle dell'Innominata를 경유해서 가라고 충고했다. 거기서 훨씬 아래쪽까지 가이드들이 내려오는 모습을 이미 본 바 있는 헤밍과 할린은 놀랐다.

"그렇게 가는 게 더 안 좋잖아요?"

"아닙니다, 아니에요. 그 지역에는 크레바스가 널려있습니다. 그들은 망원경으로 살펴보기 위해 거기 갔던 거고 곧 돌아올 겁니다."

그리하여 헤밍과 할린은 푼타 이노미나타Punta Innominata와 에귀 크로 사이에 있는 고개 콜 델리노미나타를 향해 출발했다. 눈이 계속 내려 등반은 힘이 들었고, 할린의 체력은 시험대에 올랐다. 콜에 도착한 그는 헤밍에게 소리쳤다. "완료. 올라와!" 바로 그때 놀랍게도 푼타 굴리에르미나 쪽에서 희미한 목소리가 들려왔다. 두 젊은이의 목소리였다. 그들은 여전히 살아있었다!

헤밍과 할린만으로는 아무것도 할 수 없었다. 그들은 콜에 피톤을 박아 50미터짜리 로프를 고정시킨 다음, 도와줄 사람들을 찾으러 산장으로 재빨리 돌아갔다.

"눈이 너무 많아요." 누구도 헤밍과 할린을 돕겠다고 나서는 사람이 없었다.

"어떻게 여기 앉아만 있습니까? 그들은 아직 살아있다구요. 하지만 벌써 닷새가 지났으니 몹시 지쳐있을 겁니다. 우리만으론 부족해요. 둘이서 어떻게 눈을 헤치고 나갈 수 있겠습니까. 하지만 10명이나 20명이 나서서 교대로 한다면 프레네이 빙하에 발판을 만들면서 그들에게 다가갈 수 있을 겁니다. … "

하지만 역시 나서는 사람이 아무도 없었고, 그 사이에 브리케와 키르흐는 스스로 돌아왔다. 그 동안 그들은 '다메스 앙글라이저'에 있는 크라베리Craveri 비박산장에 있었다. 그리고 비록 쇠약해지긴 했어도 스스로 움직일 수 있었다. 콜에서 들려온 소리와 날씨가 좋아지는 바람에 그들은 용기를 내어 하산을 시도했다. 그리고 혜밍과 할린이 콜 델리노미나타에 설치해놓은 고정로프 덕분에 가장 어려운 그 50미터를 내려올 수 있었다.

몹시 지친 데다 동상 증세까지 있어서 혜밍과 할린은 그들을 데리고 내려가기로 했다. 산장은 구조대원들로 바글바글해 침상도 부족했을뿐더러, 중앙 필라에 갇힌 7명을 구조하러 가는 데 가이드들이 자신과 할린의 동행을 거절한 것에 혜밍은 분노를 느끼고 있었다. 그러자 분위가 험악해졌다. 그들은 출발하는 것이 좋을 것 같았다. "무언가 조치를 취했어야죠, 어떻게 아무 것도 하지 않고 앉아만 있을 수가 있습니까."

하지만 그들은 아무도 움직이지 않았다. 그리하여 필라에 갇힌 7명의 산악인들은 도움을 받지 못한 채 탈출을 시도했다. 날씨가 점점 더 나빠져 상황이 극도로 안 좋았다. 그 과정에서 4명이 사망했고 보나티와 마조와 갈리에니만 살아남았으며, 그들 역시 콜 델리노미나타에 혜밍과 할린이 설치한 고정로프를 이용했다. 만약 구조대가 나서서 고정로프를 설치했다면 그들은 분명 더 어려운 북쪽에 로프를 설치했을 것이고, 그랬다면 긴 하강 구간이 상당히

게리 혜밍

줄어들어 어쩌면 그런 비극적 결과를 피할 수 있었을지도 모른다.

칼랑크에서 프랑수아 루셀린, 조르주 콜롱바와 함께 있는 헤밍(왼쪽)(사진제공: 조르주 콜롱바)

CHAPTER NINE

몽블랑의 여름

그해 여름 헤밍과 할린의 결별은 씁쓸했다. 그들은 팽팽한 긴장 속에 실망스러운 등반 시즌을 보냈다. 헤밍의 일기장 앞부분에는 이런 글이 있다. "사실 우리는 증오와 좌절만으로 서로를 죽여버릴 수 있을 만큼 일촉즉발의 상태였다." 그러나 각자의 개성이 너무 강해 도저히 극복할 수 없는 장벽이 쌓이긴 했어도 산에서는 뛰어난 한 팀이 된다는 걸 둘다 너무도 잘 알고 있었다. 논쟁은 계속되었고, 둘은 그토록 심한 라이벌도 하나로 묶을 수 있는 전형적인 애증의 관계를 점점 심화시켜나갔다. 헤밍은 할린 없이는 어떤 프로젝트도 상상하지 못했고, 할린 역시 헤밍 없이 산에 가는 것은 상상할 수 없었기 때문에 둘은 여전히 서로를 찾았다.

그해 여름 이후 헤밍은 베르코르에서 만난 프랑스 친구들과 함께, 마르세유와 툴롱 사이의 해변을 따라 석회암 절벽이 있는 칼랑크Calanques에서 암벽등반을 했다. 그곳에서 등반을 하는 동안 헤밍은 수준 높은 파트너가 그리웠는지 할린에게 편지를 보내기도 했다. "칼랑크로 오지 않을래?"

등반과 수업 사이사이로 헤밍은 산에 갈 돈을 마련하기 위해 작은 일거리들을 몇 개 했다. 클로드와 함께 지내긴 했지만 각자의 영역을 침범하지 않기로 서로 약속한 바 있었다. 클로드가 사는 아파트가 작아서, 그는 세 명의 다른 학생들과 함께 쓸 수 있는 더 큰 빌라로 거주지를 잠시 옮겼다. 토머스 형제가 인근에 작은 대장간을 차려 피톤 같은 인공등반 장비들을 만들자, 헤밍은 그런 장비의 제작에 커다란 관심을 보였다. 캘리포니아에서 그는 전문 장

───* 마르세유 태생의 유명한 가이드이며, 1950년 프랑스 안나푸르나 원정 대원이었던 가스통 레뷔파Gaston Rébuffat(1921-1985)가 열네 살에 암벽등반을 처음 시작한 곳이 바로 이 칼랑크 해벽이다. 〈역주〉

비를 개발하는 데 진정한 천재성을 보인 이본 취나드Yvon Chouinard와 톰 프로스트의 필드테스트를 따라다닌 적이 있었고, 그런 장비들 중에는 러프RURP(realized ultimate reality piton)도 있었다.* 러프는 미세한 크랙에서 한 사람의 체중 정도만 지탱해줄 수 있는 우표 크기의 얇은 강철 블레이드 blade로 요세미티의 거대한 루트에서 결정적인 피치들을 오르는 데 유용했으며, 이곳에서 취나드와 프로스트는 로빈스, 프랫과 함께 새로운 루트들을 개척했다.

헤밍은 기술적인 문제와 자신의 등반 프로젝트를 알려주는 등 취나드에게 가끔씩 편지를 보냈다. 그는 알프스에 대한 자신의 열정에 대해서도 썼다. 이곳이야말로 진정한 등반을 할 수 있는 곳이며, 캘리포니아 자유등반과는 완전히 다르다는 것이었다. "솔직히 미국에서는 등산이나 암벽등반과 진정으로 순수한 알파인 등반을 비교할 수 있는 곳이 없어요. 알파인 등반은 열 배는 더 위험하고 열 배는 더 힘듭니다. 결코 안전하지도 않고 한 걸음을 뗄 때마다 위험이 가득하죠. 계곡을 떠나 다시 돌아올 때까지 심리적 압박 그 자체만으로도 힘이 다 빠지곤 합니다. 거의 언제

───* RURP를 번역하면 "실현된 궁극적 현실의 피톤"이 된다. 당시 요세미티에서는 장비 이름을 이런 식으로 붙이는 것이 유행이었는데, 그중 하나가 BATBasically Absurd Technology라는 훅이다. 이것을 번역하면 "기본적으로 멍청한 기술"이 된다. 〈역주〉

나 3,000미터에서 4,500미터 사이에 있어야 하고, 늘 15 킬로그램에서 20킬로그램의 배낭을 메야 하고, 날이 금방 어두워지기 때문에 언제나 서둘러야 하고, 항상 춥거나 축축하거나 배가 고프거나, 아니면 이 세 가지가 함께 오죠. 이런 것들이 가혹한 상황을 더욱 가혹하게 합니다.”

그는 돈이 문제라면 자기가 부담할 용의가 있으니 알프스로 와서 함께 등반하자고 취나드에게 청했다. 그의 마음속에는 취나드와 함께 등반하고 싶은 네 개의 우선적인 루트가 이미 자리 잡고 있었는데 그것은 바로 아이거 북벽, 프레네이 중앙 필라, 그랑드조라스 워커 스퍼, 그리고 드류 서벽이었다.

프레네이 필라는 보나티와 그의 동료들이 비극적인 하산을 한 후 몇 주도 지나지 않아[*] 세 명의 영국인과 한 명의 폴란드인[**]에 의해 이미 초등이 되었고, 뒤이어 프랑스인들과 이탈리아인들 두 팀도 등반을 했다.[***] 그 후 헤밍과 할린

---

[*] 보나티 일행의 대참사가 일어난 건 1961년 7월 12일-16일이고, 보닝턴 일행이 초등에 성공한 건 1961년 8월 29일이다. 〈역주〉

[**] 크리스 보닝턴Chris Bonington, 이안 클로Ian Clough, 돈 윌런스Don Whillans, 얀 드워고시Jan Długosz

[***] 르네 드메종, 이브 폴레빌라르, 피에르 줄리앙Pierre Julien, 이냐치오 피우시Ignazio Piussi

도 그 루트에 도전했으나, 하단에서 헤밍이 머리에 낙석을 맞는 바람에 발길을 돌려야 했다. 하지만 바로 그날 발레 블랑슈Vallée Blanche 계곡의 (푼타 헬브로너Punta Helbronner에서 에귀 뒤 미디Aiguille du Midi까지 운행하는) 텔레페리크téléphérique 케이블에 군용기가 걸리는 사고가 발생해 그들은 계곡으로 즉시 돌아가지 못했다. 그 사고로 케이블이 끊어져 관광객을 실은 여러 대의 케이블카가 빙하로 추락했다. 그리하여 수많은 사망자가 발생했고, 얼음이 덮인 빙하에서 오랫동안 버틸 수 없는 부상자들을 빨리 구조해야 하는 비상 사태가 벌어졌다. 프랑스와 이탈리아 구조대가 즉시 도착했지만 인원이 충분치 않아, 헤밍은 심각한 머리 부상으로 고통스러운 와중에도 할린과 함께 바로 구조작업에 합류했다.

워커 스퍼Walker Spur는 그랑드조라스Grandes Jorasses 북벽에 있는 매우 험한 루트이다. 몽블랑 산군에서 분수령을 이루고 있는 그 봉우리의 북벽은 레쇼Leschaux 빙하를 위압적으로 굽어보고 있으며, 1938년 리카르도 카신Riccardo Cassin이 이끄는 이탈리아 팀에 의해 초등이 된 이래 스무 번 정도만 등반이 된 상태였다.

헤밍은 토포topo(루트를 묘사하기 위해 프랑스인들이 사용하는 용어)에 필요한 모든 문헌을 조사하고 나서, 루트를 가까이에서 보기 위해 몇 번의 정찰등반을 했다. 그 전해에는 할린과 함께 눈과 얼음이 붙어 있는 상태에서 그곳을 오르기도 했다. 최초의 동계등반이었지만, 그들은 3분의1 지점에서 내려와야 했다.

캐나다 셀커크 산군에 있는 배틀레인지에서 헤밍과 할린과 함께 원정등반을 한 적이 있는 옛 친구 헨리 켄들이 1962년 여름에 프랑스로 왔다. 미국 캠브리지의 매사추세츠공과대학 연구소 물리학자인 그는 오르세에 있는 전자연구소로 몇 달간 파견되었다. 프랑스에 도착한 그는 헤밍을 추적해 8월에 샤모니에서 만났다. 그들은 즐거운 분위기에서 몇 개의 루트를 등반했으며, 날씨가 계속 화창하자 워커 스퍼에 도전했다. 날씨가 좋아 그 루트에는 그들 외에도 몇 팀들이 더 있었다. 그러나 몇 피치를 올라갔을 때, 몽블랑에선 흔히 그렇듯 짙은 안개가 몰려들었다. 낙석이 빈번하게 발생했지만 모두 안전하게 하강했고, 헤밍과 켄들은 7시간 후에 루트 시작지점까지 내려섰다.

그로부터 사흘 후 그들은 다시 올라갔다. 이번에는 그 루트에 그들만 있었다. 그들은 아주 어려운 피치들을 거의 반쯤 끝낸 상태에서 비박에 들어갔고, 다음 날 화창한 날씨 속에 정상을 밟았다. 그들의 워커 스퍼 등반은 미국인으로서는 처음이었으며, 켄들이 미국으로 돌아가 자신들의 업적에 대해 이야기를 하면서 모든 산악회의 소식지에 뉴스가 실리고 강렬한 인상을 남기게 되었다.

그 시즌에 헤밍은 자신의 또 하나의 알파인 등반의 꿈을 몽블랑 산군에서 가장 아름다운 필라 중 하나인 드류에서 실현했다. 그 전해 여름에 그는 프티 드류Petit Dru에서 가장 어려운 루트인 보나티 필라Bonatti Pillar를 할린과 함께 두 번 도전했지만, 다른 몇몇 루트들과 마찬가지로 악천후로 인해 포기해야만 했다. 하지만 그런 시도들을 통해 헤밍은 서벽이 더 매끈하다는 사실을 알게 되었으며, 그곳에는 1952년 네 명의 프랑스 가이드들이 개척한 오직 하나의 루트만 있었다. 그들 멤버 중 하나였던 귀도 마뇽Guido Magnone이 쓴 책 『서벽The West Face』에는 그 초등에 대한 이야기만 기록돼 있는데, 이 마뇽 루트는 시작지점까지 낙석이 자주 떨어져 내리는 쿨르와르를 따라 이동해야 하는 특징이 있었다. 헤밍은 (벽 아래에서 마뇽 루트의 최고지점까지 곧장 올라가는) 다이렉트 루트를 따라가기로 했다. 마뇽 루트의 최고지점에 이르면, 아래쪽에 유명한 '촉 스톤chock stone'이 박혀 있는 90미터짜리 디에드르가 있고, 이곳을 넘으면 운명적인 펜듈럼 트래버스 구간이 있다. 그리고 결

게리 헤밍

국 이 펜듈럼 트래버스는 4년 후의 구조작업에서 결정적인 역할을 하게 된다. 그해 여름에는 요세미티의 제왕 로열 로빈스 역시 샤모니에 있었는데, 헤밍과는 캘리포니아 타퀴즈록에서 만난 적은 있어도 등반을 함께 한 적은 없었다. 평소 로빈스를 무척 존경한 헤밍은 그에게 자신의 프로젝트를 이야기했다. 7월에 벽에서 3일을 보낸 그들은 당시 몽블랑 산군에서 가장 아름다우면서 어렵다고 평가받은 '아메리칸 다이렉트' 루트를 개척했다.

헤밍은 로빈스가 요세미티의 거벽에서 해낸 등반 업적뿐 아니라 등반에 대한 그의 윤리적 관점을 높이 샀다. 평소 로빈스는 "어떤 루트를 등반하느냐보다는 어떻게 등반하느냐가 중요하다."라고 말하곤 했는데, 결국 이 말이 일으킨 논쟁으로 자유등반에 대한 지금의 찬양에 이르게 된다. 헤밍은 인공등반에 대한 생각을 완전히 부정하진 않았으며, 인위적인 방법에 쓰이는 새로운 기술과 장비를 사용하고 실험해보기도 했다. 하지만 이런 도구는 달리 방법이 없는 극도로 어려운 피치를 넘어갈 때만 사용해야 하며, 우아한 새 루트를 개척하는 데는 오히려 방해물이 된다는 로빈스의 주장에 동의했다. 다시 말하면, 하나의 루트를 처음부터 끝까지 잇는 수단으로 사용되어선 안 된다는 것이었다. 이런 관점은 1960년대에 이르러서는 이미 한물간 전통 알피니즘의 이상을 부활시켰다. 당시에 이르러서는 알프스의 모든 주요 루트들이 등반되면서, 이탈리아의 위대한 개척자 에밀리오 코미치Emilo Comici가 "언젠가 나는 정상에서 떨어뜨린 물 한 방울을 따라 난 길을 등반하고 싶다. 그런 곳이야말로 내가 개척할 루트다."라고 주창한 격언에 따라 가장 직선적인 루트를 선택해 극도의 어려움을 추구하게 된다.

헤밍과 로빈스가 드류에 '아메리칸 다이렉트' 루트를 낼 때 그들은 미국에서 생산되어 기술적으로 앞서 있는 피톤과 장비를 사용했다. 1962년에는 이런 것들이 미국에서만 나오고 있었고 유럽은 한참 뒤쳐져있었다. 요세미티의 수직 벽에서 실험된 이런 장비들과 세련된 기술이 없었다면 '아메리칸 다이렉트' 루트는 그 당시 개척되지 못했을 것이다. 완전히 직선을 이룬 이 루트는 논리적이고 매우 아름다워 고전 등반 루트의 하나가 되었다.

그로부터 3년 후 로열 로빈스와 존 할린은 마농 루트와 보나티 필라 사이로 '아메리칸 익스트림 다이렉트 American extreme direct(일명 아메리칸 디레티시마American Direttissima)'라는 새로운 루트를 냈는데, 이 루트는 1962년의 루트보다 더 직선적이고 훨씬 더 아찔했다. 헤밍과 로빈스의 '다이렉트'는 드류 서벽에 난 루트들 중에서 가장 많은 찬사를 받으며 모두가 오르고 싶어 하는 곳이 되었다.

CHAPTER TEN

롤리타

드류 서벽에서 대단한 등반을 한 1962년 여름, 짧았지만
특별했던 그 기간 동안 헤밍은 마음의 평화를 잃고 말았
다.

1962년 8월 그는 샤모니의 프랑스 국립스키등산학교
ENSA에 '청강생(강의는 듣지만 정식으로 등록하지 않은 학생)'으
로 들어갔다. 산악가이드들이 훈련을 받는 그곳은 매우 명
망이 높은 학교였다. 설상 등반의 문제를 여전히 극복하지
못한 헤밍은 바위와 눈이 뒤섞인 혼합지형에서의 기술을
비롯해 빙하 위에서 크램폰과 피켈을 사용하는 법, 발판 깎
기, 그리고 빙하와 신설에서의 안전에 특히 관심이 많았다.

이런 방면의 기술이 부족해 할린과 함께 등반할 때 열등감을 느꼈기 때문이다.

하지만 곧 헤밍은 이 모든 것들을 터득하게 되었다. 사실 그는 너무 지나치게 터득해서 "이런 방식이 더 좋다고 생각하는데요."라며 지나친 간섭을 하고, 그런 다음에는 장황한 설명을 늘어놓으면서 강사들과 언쟁을 벌이기 시작했다. 불행히도 그가 옳을 때가 많아서 강사들로부터 좋은 평가를 받지는 못했다. 그 당시 헤밍은 지저분하게 수염을 기른 채 머리를 어깨까지 늘어뜨리고 다녔다. 결코 깔끔한 모습은 아니었다. 시내에서는 같은 바지만 여러 날을 계속해서 입었고, 등반을 할 때는 반바지와 점퍼(저 유명한 빨간색 점퍼)만 입었다. 이것이 그의 평소 복장이었는데 너덜너덜해질 때까지 줄곧 빨아 입고 꿰매 입고 다녔다.

ENSA에서는 복장이 중요했다. 1960년 그 학교 강사였던 르네 드메종은 "학교에서는 우리가 퐁텐블루Fontainebleau에서 하고 다니는 것처럼 반바지나 티셔츠를 입고 등반하면 창피한 일이라고 대표 강사가 가르쳤습니다. 우리는 가이드를 가르치는 강사였으니까요! 노블레스 오블리주! 무엇보다 복장이 가장 중요했습니다. 진정한 가이드의 유니폼이라 하면 회색 바지와 회색 점퍼, 배지, 부츠와 털실로 짠 양말(당시의 유니폼) ⋯ 아르망 샤를레

Armand Charlet는 등반을 하건 시내를 다니건 늘 등산용 반바지를 입고 베레모를 쓰고 다녔습니다."

　　처음부터 헤밍의 복장을 지적하는 사람이 아무도 없었던 건 이상한 일이다. 하지만 2주가 지나면서 헤밍이 특유의 재담과 드류 서벽 등반에 따른 인기로 말썽을 일으키기 시작하자, 교육 담당 책임자는 그를 불러 '품위 있는 모습'을 보이라고 명령했다. 강의를 들으려면 면도를 하고 머리를 깎아야만 했다. 헤밍은 이를 거부했고 결국 학교에서 쫓겨났다.

성공적인 등반으로 우쭐하기도 하고 학교에서 쫓겨나 우울하기도 했던 이 시기에 헤밍은 '바르 나쇼날Bar National'에서 마리를 만났다. 헤밍은 보통 술집에 잘 가지 않았지만, 나쇼날은 영어를 쓰는 등반가들이 편하게 어울릴 수 있는 곳이었다. 샤모니에서 젊은 등반가들과 친하게 지내긴 했지만 헤밍은 프랑스인들보다는 이런 동료들을 더 좋아했다.

　　마리는 매끄러운 검은 머리에 이마를 덮은 앞머리로 어린 외모가 더욱 도드라지는, 겁에 질린 듯한 표정의 가냘픈 소녀였다. 헤밍은 연약하고 분명 보호가 필요한 듯한 그녀에게 끌렸다. 마리는 호리호리한 헤밍이 눈웃음을 지으며 자신에게 다가오자 그로부터 눈을 떼지 못했다. 그는 젊잖은 매너로 강렬하면서도 다정하게 말을 걸어 그녀를 자신의 편으로 끌어들였으며, 저녁이 끝날 때쯤 그녀는 헤밍과 함께 텐트로 갔다. 헤밍은 어린아이 같은 이 소녀와 사랑에 푹 빠졌지만, 마리가 자신을 좋아하는지 어떤지는 결코 알지 못했다.

클로드는 이렇게 회상한다. "당시 너무도 유명했던 소설 『롤리타Lorita』를 읽지 않았다면 이해할 수 없는, 전형적인 60년대 러브스토리였지요. 그들이 만났을 때 헤밍은 30대였고 그녀는 열일곱 살이었습니다. 하지만 롤리타가 연상되는 건 단순히 이런 나이 차이 때문만은 아닙니다. 그녀의 행동, 그리고 무엇보다도 가냘프고 연약한 그녀의 외모가 롤리타라는 캐릭터와 너무나 잘 맞아떨어졌기 때문이에요. 당시는 실비 바르탕Sylvie Vartan 같은 대단한 프리마돈나의 시대였으며, 여성 모델들은 잔가지처럼 삐쩍 말라 있었습니다. 아이와 여성의 이미지를 모두 품고 있는 마리에게 헤밍은 매료당했지요. 하지만 헤밍이 그녀와 사랑에

———* 러시아 소설가 블라디미르 나보코프가 미국에서 영어로 쓴 작품으로, 미국에서 출판이 불허되자 1955년 파리에서 초판이 발행되어 선풍적인 인기를 끌었다. 선정성으로 인해 그 당시 유럽 전체가 술렁였다. 이후부터 남성이 미성숙한 어린아이에게 성적 매력을 느끼는 것을 '롤리타증후군'이라고 한다. 〈역주〉

빠진 가장 큰 이유는 당시 유행하던 가치, 특히 일종의 혁명으로 발현된 반체제를 그녀가 대변하고 있었기 때문입니다. 따라서 이런 배경을 감안해 헤밍과 마리를 보면, 그들의 러브스토리가 1968년으로선 시대를 앞서 있었다는 사실을 알 수 있습니다."

마리의 캐릭터에 대한 클로드의 생각은 오랫동안 그 소녀와 사랑에 빠져 있던 헤밍이 내린 높은 평가와 일치한다. 명백히 밝혀진 몇 번의 특별한 순간을 제외하고, 헤밍은 마리를 장밋빛 시선으로 바라보면서 여학생 같은 미성숙을 내성으로, 아집을 반항으로 착각했다. 그는 마리가 모험에 대해 자신과 같은 소명의식과 갈망을 가지고 있다고 확신하고, 자신의 편에 선 마리와 함께 전 세계를 여행할 꿈을 꾸었다.

"하지만 마리는 성실한 학생이었기 때문에 학업을 마쳐야겠다고 마음을 다잡았습니다." 그 모든 시절을 보낸 후 지금에 이르러 과거를 되돌아보며 클로드는, 질투심보다는 가슴 아픈 감정을 느끼며 마리가 이해된다고 말했다. "고등학교를 마친 그녀는 대학에서 철학부에 등록했습니다. 지금은 철학이 모험심과 양립할 수 없다고 생각하지 않지만 당시 헤밍은 그렇게 생각했고, 마리가 지구 끝까지 자신을 따라나서지 않고 주저하는 모습을 납득하지 못했어요. 헤밍이 이를 이해하지 못하자 그들의 러브스토리도 끝이 났습니다."

사실 그들의 러브스토리는, 헤밍이 함께 떠나자고 간청하는 수백 통의 편지를 보내 마리에게 고통을 안겨주긴 했지만, 소문보다는 훨씬 더 일찍 끝이 났다. 그들이 처음 만났을 때 그녀는 샤모니 근처 레우슈Les Houches에 있는 부모님의 별장에서 휴가를 보내고 있었다. 그녀가 헤밍과 사랑에 빠지기 시작한 초기에는 이 미국인이 자기 주변 중산층 가정의 사람들과 사뭇 달라 보였을지 모른다. 마리는 소르본대학 교수의 딸이었고 몇 살 위의 언니도 있었다. 부유한 가족이어서 파리 근처 퐁트네와 레우슈, 마르세유 근처 바닷가에 각각 집이 한 채씩 있었다. 다른 소녀나 보통의 학생과 크게 다를 바가 없었던 마리는 평소 다소곳한 편이었지만, 열일곱 살의 소녀들이 그렇듯 밖에서는 부모에게 반항하는 모습을 자랑스럽게 내보이곤 했다. 그녀는 주로 겨울에는 파리에서, 여름에는 바닷가에 있는 집과 산에 있는 집을 오가며 보냈다. 그녀 역시 헤밍과 사랑에 빠졌겠지만, 1963년 여름이 끝나갈 무렵 파리로 돌아가기 전날 저녁에 불쾌한 일이 생겼다. 그들은 조금 어처구니없는 말다툼을 벌였으며, 그녀는 강렬한 감정을 표출하며 자신을 놀래키는, 나이 든 이 남자와 더이상 아무것도 하고 싶지 않았다.

하지만 그녀는 헤밍과의 관계를 완전히 끝내진 않았다. 매력적인 이방인 어른으로부터 불꽃같은 연애편지를 받는 것이 너무나 흥분되어, 진심으로 모든 걸 다 포기할 수 없었기 때문이다. 그녀는 분명하게 '아니에요'라고 말하지 않았고 헤밍은 그녀를 끊임없이 쫓아다녔다. 그녀는 파리에서 만나는 것에도 동의하고, 가족과 함께 런던에 갔을 때는 그곳에서의 만남에도 동의하고, 마르세유와 샤모니에서 만나는 것에도 알겠다고 했다. 헤밍이 달려와도 그녀는 종종 나타나지 않거나 체념하는 표정을 지은 채 만나기도 했는데, 그런 표정을 헤밍은 일종의 내적 고통이라고 여겼다. 그러면 마리는 자신에 대한 격정을 불러일으켜 그 감정을 바이올린 줄처럼 팽팽하게 당겨놓은 채, 그로부터 벗어날 궁리를 했다.

만약 헤밍이 자신의 위대한 사랑으로 중산층 가정환경이라는 덫에 걸린 마리를 '구해내는' 것이 중요하다고 진심으로 확신하지 않았다면, 이 사건은 그를 우습게 만들었을지도 모른다. 그의 사랑은 진실에서 눈이 멀게 했을 정도로 정말 위대했다. 하지만 헤밍은 위대하지만 불가능한 사랑을 소유하고자 하는 끝없는 욕망을 가진 것 같았다.

게리 헤밍

불가능한 사랑이야말로 이상적으로 완전하고 시간이 지나도 변치 않는다는 게 진실이라는 것이다. 육신을 가진 어떤 여인도 헤밍이 요구하는 이상적 여인과는 비교가 불가했다. 그리하여 헤밍의 가장 강렬한 애정행각은 그가 소유할 수 없는, 혹은 그가 한때는 소유했지만 결국은 놓쳐버린 마리 같은 여인들에 대한 것이었다.

헤밍은 마리에게 끊임없이 편지를 보냈으며, 여러 해 동안 자신의 일기를 마리와 함께 지내는 인생이 얼마나 환상적인 꿈이 될지에 대한 글로 채웠다. 마침내 그녀와 함께 떠나는 여행, 그리고 기대와 후회 같은 글들이었다.

여름이 끝나갈 즈음 그는 샤모니를 떠나 클로드에게 돌아갔다. 사실 1968년의 진짜 극적인 관계 변화는 헤밍과 클로드의 관계에서 시작되었다. 헤밍은 클로드에게 마리의 존재를 털어놓았지만 그건 명백하게 자신을 위해 창조해낸 이상적 버전이었으며, 당연히 클로드는 그 말에 질투를 느끼고 상처를 받았다. 하지만 클로드는 헤밍과 자주 이야기를 나누면서도 개인의 자유를 존중한다는 원칙을 굳건히 지키면서 자신의 감정을 감췄다. 그녀는 단지 헤밍을 지킨다는 이유로 마리와의 일을 무시하는 척하지 않고 그 상황에 대해 솔직하게 이야기했다. 그들은 또한 자신들의 관계에 대해 상의하고, 멀리하기에는 서로가 너무나 소중하다는 데 의견의 일치를 보았다. 그러나 헤밍은 만약 마리가 자신에게 돌아온다면 의심할 여지없이 그녀와 함께 살고 싶어했다. 두 사람 사이에서 자신의 감정을 둘로 나누지 못했던 헤밍이었고, 클로드로서는 받아들이기 힘든 일이었다. 하지만 그녀는 헤밍에 대해 매우 강렬한 감정을 갖고 있었고, 그의 자유는 그녀에게 명예의 대상이었다. 결국 클로드는 사랑하는 친구의 역할을 떠맡기로 했고, 그 역할에 영원히 충실했다.

헤밍은 마리가 다시 돌아오길 기다리면서, 여기저기 돌아다니고 이런저런 일을 하면서 하루하루를 살아갔다. 그는 런던으로 마리를 만나러 갔다가 북쪽으로 이동해 도로공사 현장에서 일을 했다. 이 기간 동안 그는 레이크 디스트릭트Lake District를 방문해 영국 산악인들과 암벽등반을 했으며, 바이에른 알프스의 가르미슈Garmisch로 전근을 간 존 할린에게 편지를 다시 쓰기 시작했다. 그리고 그곳으로 할린을 찾아가 스키리조트에서 리프트 설치 일을 하며 잠시 머물렀다.

──* 이곳에는 현재도 크리스 보닝턴, 존 포터 등 영국의 여러 산악인들이 가까이 모여 살고 있다. 〈역주〉

CHAPTER ELEVEN

중요한 한 해

헤밍은 마침내 그레노블과 클로드에게로 돌아와 대학 과정을 다시 밟기 시작했다. 클로드와의 관계는 상당히 공평해서 월세방을 함께 쓰고 생활비를 반반씩 부담하면서, 서로의 사생활을 존중했다. 처음 만났을 때부터 그랬지만 두 사람은 좋은 친구였으며, 마리가 있음에도 불구하고 그들은 서로에 대해 좋은 감정을 유지하고 있었다. 헤밍이 마리와 급히 만나야 한다며 문제를 일으킬 때를 제외하면 이 공동생활은 대체로 평온했다.

하지만 몇 달 후 그들의 관계가 시험대에 오를 만큼 중요한 사건이 발생했다. 클로드가 임신을 한 것이다. 여성에게 얽매이는 걸 언제나 두려워한 헤밍으로서는 몹시 당황할 만하고, 클로드로서는 마리에게서 헤밍을 낚아채 잡아둘 수 있는 사건이기도 했다. 그러나 두 사람의 반응은 이와는 전혀 달랐다. 헤밍은 아빠가 된다는 생각에 기분이 좋아진 반면, 클로드는 헤밍의 부재가 뻔한 상황에서 아빠가 필요한 아이를 어떻게 키워야 할지 고민했다. 그녀가 정말 원치 않은 건 헤밍이 아이에 대한 책임감도 없이 자기 곁에 머무는 것이었다.

그 당시 클로드는 일을 하면서 시험 공부를 하고 있었고, 헤밍은 대학 과정을 밟으면서 산에도 가고 캘리포니아 자유등반에 관한 책도 쓰고 있었다. 그들은 이 상황을 놓고 여느 도덕적·사회적·정치적 문제들과 마찬가지로 합리적 대화를 나누었다. 자주 토의한 주제는 책임 문제였고, 그럴 때마다 줄곧 유지해온 원칙에 근거해 결론을 내렸다.

이 문제는 곧 실용적인 관점에서 해결되었다. 경제적으로는, 주기적으로 일을 할 수 있어서 어느 정도 능력이 되는 헤밍이 클로드의 양육비를 분담하기로 했다. 아이의 성은 아버지를 따르기로 했는데, 둘 다 헤밍이라고 부르고 싶어 해서 이건 큰 문제가 되지 않았다. 아이의 양육은 클로드가 책임지기로 했다. 헤밍은 자신의 아이를 키울 더 좋은 환경을 생각해낼 수 없었다. 마리에게 가든 아니면 홀로 떠나든, 아이는 분명 아빠가 없는 상황에 자주 놓이게

게리 헤밍

될 것이 뻔했기 때문에 헤밍은 연락을 계속하고 가능하면 자주 찾아와서 여러 실질적인 문제들과, 특히 아이와 관련된 중요한 결정에 함께 하기로 했다.

헤밍과 클로드의 관계는 변함없이 다정하고 솔직했지만, 그들은 다른 사람과도 감정적 관계를 거리낌 없이 나눌 수 있었다. 이론적으로나 실질적으로나 이는 1970년대의 실험적인 '개방형 관계'의 선구자 격이었다. 헤밍은 받아들일 수 없는 속박에서는 벗어나면서도 자신의 책임은 다한다는 이 결정을 대단히 기쁘게 받아들였다.

" … 나는 분명 아주 특별한 여인에게 빠졌고, 이 사랑은 결국 그녀에게 돌아갈 것이다. 마리에게로 향했던 지독한 경험은 어찌보면 최고의 일격이었다. … 우리에게 있어 결혼은 우리를 평범해지게 만들 뿐이다. 우리는 이제 우리 스스로를 주위의 다른 사람들과는 다른 특별한 존재로 만들고 있다. 더 이상 우리는, 좋지 않을 때 아이를 가진 불운에 함께 내던져진 평범하고 불행한 한 쌍의 생명체가 아니다. 우리는 이와는 전혀 관계없이 각자의 십자가를 지고 갈 것이며, 자기의 입장을 변호할 만한 근거가 충분하다. 우리가 사회에 이미 존재하는 규범에 어긋나는 길을 일부러 선택했다는 것은, 타인에 대한 우리의 경멸과 삶에 대한 우리의 진실을 대변한다. 즉 오늘날 사회의 위선은, 받아들이기에 그다지 우아한 대상이 아니라는 걸 모든 사람 앞에서 밝히는 것이다. 인간이라면 자신이 알고 있는 기존의 악에 대해 단순히 불평만 해서는 안되며, 행동하고, 길을 보여주고, 따라야 할 본보기를 제시해야 한다. … "

헤밍은 자신의 책임에 충실했다. 그는 자기 입장에선 좋은 아버지였지만, 그들이 내린 반항적 결정이 클로드보다 자신에게 얼마나 쉬운 것이었는지 결코 깨닫지 못했다. 하지만 클로드는 이런 불공평함에 전혀 불평하지 않았다. 어쩌면 그녀는 모든 게 공평하고 책임을 정말로 똑같이 나눠지고 있다고 확신했는지도 모른다. 1968년의 사회혁명 운동에 참여했던 건 아니지만 클로드는 이 새로운 시대정신, 즉 1960년대 페미니즘의 결정적 면모를 앞서 보여주었다. 그것은 바로 남성으로부터 독립적인 여성은 남성을 거부하지 않으면서도 자신의 여성성을 포기하지 않는다는 자랑스러운 주장이었다.

1963년은 헤밍에게 중요한 한 해였다. 곧 아버지가 될 그

───* 1968년 세계 곳곳에서 벌어진 이 운동에는 인종주의를 비롯한 여러 차별뿐만 아니라 핵, 환경오염, 베트남전쟁 같은 사회적 문제에 대한 반대도 포함되었다. 프랑스에서는 샤를 드 골 정부의 실정과 사회적 모순에 저항해, 결국 종교와 애국주의, 권위에 대한 복종 등 보수적인 가치들이 평등, 성해방, 인권, 공동체주의, 생태주의 등의 진보적 가치들로 대체되었다. 〈역주〉

는 안정적인 직업을 찾아야 했다. 스코틀랜드에 있을 때는 그곳의 스웨덴 사업가가 그에게 '수출 담당' 자리를 제안했는데, 그 일에는 북아프리카에서 자동차를 판매하는 일도 포함돼 있었다. 북아프리카라니! 일은 재미없어도 여행과 모험은 할 수 있을 것 같았다. 게다가 이건 아이를 키우는 클로드에게 정기적으로 돈을 보내줄 수 있는 안정적인 직업인데다, 보다 안정적일 필요가 있는 그의 현실과 판에 박힌 일을 참지 못하는 그의 성격 사이에서 조화를 찾을 수 있는 멋진 기회였다. 헤밍은 구템베르그Gutemberg 씨에게 그 자리를 받아들일 용의가 있으며, 언제든 시작할 준비가 되어있다는 편지를 보냈다. 그는 몇 달을 기다려달고 했는데, 헤밍에게는 더더욱 좋았다. 일에 얽매이기 전에 대단한 등반을 얼마간 할 수 있는 좋은 기회였기 때문이다.

그는 존 할린과 함께 몽블랑 산군에서 등반을 하며 그 해 여름 몇 달을 보내기로 했다. 그들이 계획한 등반 중 하나가 샤모니 에귀Chamonix Aiguilles 중 하나인 푸Fou에서 아름다운 선을 따라 새로운 루트를 개척하는 것이었다. 북쪽의 알프스로 가기 전 그는 그레노블 주위에 있는 작은 산에서 프랑스 친구들과 함께 훈련했다.

그레노블에서 지내는 동안 헤밍은 스튜어트 풀턴 Stewart Fulton이라는 스코틀랜드 등반가를 알게 되었다.

헤밍은 그 지역에서 친구도 별로 없고 프랑스어도 서툰 그를 데리고 등반을 다녔다. 그들은 베르코르와 샤르트뢰즈 Chartreuse에서 등반도 하고, 피크 드 뷔르Pic de Bure와 로셰 뒤 미디Rocher de Midi에서 몇 개의 신루트를 개척하기도 했다. 하지만 게으른 편인 풀턴은 헤밍에게 이상적인 동료는 아니었으며, 헤밍은 등반 준비도 제대로 하지 않고 피톤과 로프를 사용하는 기술도 배우려 하지 않는다며 그를 비난하기도 했다. 어쨌거나 그는 좋은 등반가였기 때문에 헤밍은 푸 프로젝트에 그를 초대했다.

6월에 그들은 샤모니로 가서 앙베르 데 에귀Envers des Aiguilles 산장으로 걸어 올라갔다. 할린은 2년 전 푼타 굴리에르미나에서 실종된 적이 있는 젊은 독일인 콘래드 키르흐와 이미 그곳에 와 있었다. 키르흐는 할린과 계속 연락을 주고받아 결국 그의 등반 파트너가 되었으며, 함께 아이거 북벽을 등반하기까지 했다! 그곳을 꼭 오르고 싶어 했던 할린이 마침내 꿈을 이룬 것이다. 그 둘은 컨디션이 아주 좋았다.

헤밍과 풀턴이 도착하기 전에 할린과 키르흐는 그 루트의 시작지점으로 이어지는 쿨르와르를 올라가보았지만 눈사태가 두려워 곧 발길을 돌렸다. 생각했던 것보다 벽은 만만치 않았으며, 돌파하기 너무 어려워 보이는 아주 커다

게리 헤밍

란 오버행이 있었다. 게다가 등반 시즌보다 한 달 먼저 시작해서 그런지 날씨도 아주 나빴고 장비도 충분치 않았다. 그들은 수평 피톤, 러프, 봉봉, 그리고 만약 그 오버행을 피톤과 줄사다리를 이용해 올라가거나, 또는 로프를 타고 다시 내려와야 할 때 필요한 보통 사이즈의 피톤도 절대적으로 부족했다. 설상가상으로 폭풍설까지 휘몰아치자, 그들 넷은 집으로 발길을 돌릴 수밖에 없었다.

헤밍은 칼랑크로 갔다. 그리고 남쪽 지방인 그곳에서, 푸른 바다 위에 수직으로 형성된 하얀 절벽에서 햇빛 아래 등반을 하며 긴장을 풀었다.

7월이 되자 헤밍은 풀턴과 클로드와 함께, 할린과 그의 부인 마라Mara가 기다리고 있는 샤모니로 돌아왔다. 이번에 콘래드 키르흐는 합류하지 못했으나 오랜 친구 하나가 그곳에 도착했다. 네팔에서 셰르파들을 위한 학교를 짓고 있던 에드먼드 힐러리와 함께 지내며 몇몇 산을 오르고 이제 막 돌아온 톰 프로스트였다. 알프스에서 여름을 보내기 위해 샤모니로 온 그는 헤밍 일행에 기꺼이 합류했다. 프로스트는 로빈스와 함께 요세미티에서 가장 어려운 '초등' 몇 개를 해낸 인물로, 자유등반도 잘했을뿐더러 인공등반에서는 적수가 없었다. 게다가 노련한 기술자인 그는 취나드가 만든 크롬몰리브덴 피톤을 여러 종류나 가지고 왔다. 유럽에서 구할 수 없었던 이런 장비는 그들이 계획 중인 등반에 꼭 필요한 것들이었다. 이 피톤들은 내구성이 아주 좋아서 크랙에서 빼내도 본래의 형태로 돌아가 완벽히 안전하게 여러 번 사용할 수 있었다. 프로스트는 약혼녀 도린Dorene과 함께 왔고, 그녀는 곧 클로드와 마라와 좋은 친구가 되었다.

푸 남벽 등반은 그들이 예상한 것보다 훨씬 더 어려웠다. 첫 번째 시도에서 그들은 오버행을 간신히 넘은 다음 사선 크랙을 따라 올라갔다. 아주 작은 바위 턱에서 비박을 준비했으나 할린과 풀턴의 해먹이 망가져 그 둘은 로프로 만든 임시 사다리에 걸터앉아 밤을 보내야 했다. 다음 날 비가 내리기 시작하자 네 사람은 모두 철수했다. 두 번째 시도 역시, 오버행이 된 곳들에 남겨 놓은 고정로프 덕분에 처음 몇몇 피치들은 빨리 올라갈 수 있었으나, 첫 번째보다 별로 나을 것이 없었다. 다시 비가 내리고 풀턴이 손을 조금 다치는 바람에 그들은 일단 다시 철수했다.

7월 24일 저녁, 프로스트와 풀턴이 도린과 함께 바위 밑으로 돌아와 비박에 들어갔다. 다음 날 이른 아침에 헤밍과 할린은 클로드와 마라와 함께 블래티에르Blaitière 남서 능선으로 올라가 푸 밑의 비박지점으로 로프를 타고 하강했다. 도린과 클로드는 그곳에 남고, 마라는 세 번째 시도를 위해 장비와 식량 수송을 도와준 두 명의 친구와 함께 산장으로 돌아갔다.

네 사나이들은 그 루트에 다시 붙어 앞서 올랐던 최고 지점까지 빠르게 올라갔다. 거기서부터 프로스트는 할린이 '기술적 걸작품'이라고 극찬한 미세한 크랙용의 아주 작은 피톤과 10센티미터의 대형 봉봉을 이용해 또 하나의 오버행을 넘었다. 그러자 오버행 위에는 비박하기에 너무나 좋은 넓은 바위가 있었다.

만족스럽게 저녁을 맞이하려는 순간 우박이 내리기 시작하더니 밤새도록 폭풍설이 계속되었다. 네 사람 모두 바위에 붙들어 맨 비박 침낭 속에 들어가 있어서 안전하긴 했지만, 번갯불이 번쩍대며 불안할 정도로 이상하고 눈부신 불꽃이 연속으로 터지자 공포에 빠졌다. 벽 밑에서 비박하던 두 여인들 역시 밝은 번갯불로 인해 뜬눈으로 밤을 지새웠으며, 잠자리에 들기 전 루트의 반대쪽에 있는 바위투성이 스퍼로 네 등반가들을 쫓아갔다. 그리고 친구들이 바위에 안전하게 있는 모습을 보고서야 두 사람은 번개만 걱정하며 잠이 들 수 있었다. 아침이 되어 폭풍설이 잦아들고 첫 햇살이 비치자 할린과 헤밍은 루트의 나머지 부분을 교대로 선등했다.

헤밍과 할린은 결국 알프스에서 가장 아름답고 어려

운 루트를 개척했지만, 또 한 번 불협화음을 적나라하게 드러냈다. 처음부터 끝까지 그들은 입씨름을 하고 서로의 모든 동작을 비판했으며, 하산 중에는 급기야 주먹질 일보직전까지 갔다. 할린은 하마터면 헤밍이 떨어뜨린 돌에 맞을 뻔했다며 그를 비난했다. 헤밍은 어떤 돌도 떨어뜨리지 않으려고 늘 주의했기 때문에 화가 치밀어 할린에게 위협적으로 다가갔고, 할린도 주먹을 들어 대응했다. 만약 풀턴이 그들 사이에 끼어들지 않았다면 사태는 더욱 험악해졌을 것이다. 게다가 시작도 하기 전에 할린이 그 등반을 언론에 알리는 바람에 내려오자마자 기자들과 사진가들, 팬들이 몰려들었으며, 이에 할린은 물 만난 물고기마냥 기고만장해졌다.

처음부터 헤밍은 자신들의 등반을 언론에 알리는 걸 반대했고, 그런 구경거리가 되는 걸 거부했다. 아마도 헤밍은 할리우드 스타 같은 외모와 언론과 좋은 관계를 유지한 덕분에 주인공 역할을 하게 된 할린의 성공에 질투를 느꼈을지 모른다. 아니면 그에게 그 등반은 그리 중요하지 않다는 걸 깨달았을지도 모른다. 이유야 어떻든 그는 계획보다 일찍 그레노블로 돌아왔고, 할린과 프로스트는 미국 대표 자격으로 샤모니에서 열린 국제등반회의에 초대되었다. 그들은 그곳에서 등반도 많이 하고, 프레네이 벽의 히

게리 헤밍

든 필라Hidden Pillar에서 만만찮은 새 루트를 개척도 하면서 남은 여름을 보냈다.

그레노블에서 헤밍은, 스웨덴으로 떠나기 전까지 정리해야 할 일들이 많았다. 그는 또한 『라 몽타뉴La Montagne』지의 편집장에게 보내기로 약속한 책의 첫 장을 끝내고 싶었으며 진척도 꽤 잘 되고 있었다.

그때 그는 캐나다에서 프랑스 선생들을 구하고 있다는 한 캐나다인을 만났다. 자신의 욕망과 꿈을 다른 사람에게 돌리는 실수를 늘 저지르곤 하는 헤밍은, 클로드에게 캐나다로 가라고 종용했다. 아이가 1월에 태어날 예정이라 그녀는 서둘러야 할 것이었다. 그러면 그는 종종 그녀를 방문할 수 있을 것이고, 어느 시점에는 그곳에서 일자리를 찾을 수 있을지도 모를 일이었다. 아니면 호주로 여행을 떠나면 어떨까? 헤밍은 자신의 아이가 어쩔 수 없이 받게 되는 미 제국주의 정치의 영향이나 소련의 위협을 받지 않는, 멀리 떨어져 광활한 영토를 갖고 있고 캐나다나 호주에서 자라기를 원했다. 그는 자신의 아이가 이미 둘로 쪼개져 시한폭탄 같은 유럽에서 사는 것도 원치 않았다. 실제로 한동안 핵전쟁이 일어날지 모른다는 생각에 사로잡혔던 헤밍은 아이의 안전을 걱정했다. 하지만 클로드는 캐나다나 호주로 갈 생각이 전혀 없었다. 그녀는 자신의 도시와 일과 친구들을 좋아했으며, 유럽과 그 문화를 매우 사랑했다. 그들은 이 문제를 놓고 밤낮없이 토론했고, 결론이 나지 않긴 해도 건설적인 대화들이었다.

이 기간 동안 헤밍은 많은 고민을 했다. 유럽에 온 지 어느덧 3년이 되어가고, 자신을 이곳으로 이끈 야망은 사라져버리고 말았기 때문이다. 원래는 경험을 더 쌓고 작가가 되고 싶었었다. 물론 그는 이곳에 등반도 하러 오긴 했지만 그게 유일한 목표는 아니었다. 그는 이렇게 썼다.

"… 이런 모든 목표들은 아주 높고 아주 멀리 떨어진 진정한 정상을 볼 수 없게 만드는 아주 많은 작은 봉우리들과 같다. 이런 작은 봉우리들을 오르면 멀리 떨어진 정상이 보이기도 하고 보이지 않기도 하지만, 어느 경우든 여전히 멀리 떨어져 있다. 만약 아주 멀지 않다면, 이제 그곳에 도달하기 위해서는 오르거나 내려가야 하는 작은 봉우리들로부터 벗어나 그 아래쪽에 있는 계곡이나 능선을 통하는 길을 찾아야만 한다."

진정한 정상으로 향하고 싶었던 헤밍은 작은 봉우리들에서 끈기 있게 일했다. 캘리포니아 자유등반에 대한 그의 책은 자신의 고국에서 행해지는 등반의 역사와 기술과 철

　　　　　　　　　　　　　　　게리 헤밍

학을 아우르는 야심찬 프로젝트였다. 그는 자신의 작품을
서둘러 끝내는 대신 완벽을 기하고 싶었다. 그는 등반 원
칙의 일반론을 담은 첫 장에 많은 공을 들였다. 클로드는
초안을 수정하면서 그의 프랑스어를 도와주고 다양한 주
제에 대해 의견을 제시했다. 헤밍은 자신의 작품에 그녀의
이름을 넣고 싶어 했다. 『라 몽타뉴』지에 기사 형식으로
실린 첫 장에는 두 사람의 서명과 함께 "균형감각을 찾아
서A la recherche d'un équilibré"라는 제목을 붙였다. 이 글
은 당시 새로운 세대의 철학을 글로 표현한 것이라서 산악
계에는 아주 중요한 기사였다. 헤밍은 어린 시절을 산악회
라기보다는 자연과의 대화 모임이라 할 수 있는 시에라클
럽에서 보냈기 때문에, 이 기사에서 그는 1960년대 유럽
에는 생소한 주제인 자연과 환경 보호의 필요성을 역설했
다. 그는 누구나 모험의 형태로 즐길 권리가 있는 개인적
경험으로서의 등반에 대해 논했다. 그는 등반가들에게 뒤
따라오는 사람들이 새로운 분야를 발견하는 데서 더 많은
즐거움을 얻을 수 있도록, 가능하면 흔적을 남기지 말 것을
요구했다. 같은 이유로 그는 새로운 루트를 전반적이고 구
체적으로 기술하지 말라는 충고도 했는데, 다른 사람들이
스스로 발견해내는 기쁨을 누리도록 해야 한다는 것이다.
그리고 그는 윤리와 루트 그 자체의 심미적 아름다움을 존

중하는 등반의 중요성에 대해서도 썼다. 이런 점이 없다면 등반은 조잡하고 무의미한 일련의 행동으로 수준이 낮아진다는 것이었다.

그의 인생 중 이 무렵 헤밍은 자신이 이룬 등반 업적에 만족하고 있었다. 그는 높게 평가되는 새로운 루트들을 개척했고, 위대한 등반가로 보일 수 있도록 노력했다. 이 단계로 올라선 그는 등반은 계속하면서도 자신을 등반가로 보지 않았고, 자신의 업적을 더 이상 중요하게 여기지도 않아 그에 관한 글을 쓰지도 않았다. 그는 이제 자신의 진정한 목표, 진정한 정상을 향해 나아가기 시작했다.

앙베르 데 에귀 산장에서 푸 등반팀과 함께. 왼쪽부터 존 할린 2세, 톰 프로스트, 게리 헤밍, 스튜어트 풀턴(사진제공: 톰 프로스트)

에귀 뒤 푸 남벽에서 게리 헤밍(사진: 톰 프로스트)

앙베르 데 에귀 산장에서 장비를 펼쳐놓은 게리 헤밍(왼쪽)과 존 할린(사진: 톰 프로스트)

푸 등반을 앞두고 장비 정리 중(사진: 톰 프로스트)

푸에서 게리 헤밍(사진: 톰 프로스트)

푸에서 위를 쳐다보고 있는 게리 헤밍(사진: 톰 프로스트)

푸에서 등반 중(사진: 톰 프로스트)

푸의 정상에서 존 할린(사진: 톰 프로스트)

CHAPTER TWELVE

스톡홀름에서 마라케시로

"여덟 살 때 처음으로 산을 올라가보고 싶었습니다. '검은 산Black Mountain'이라 불린 그 산은 캘리포니아 남부에서 내가 살았던 곳 바로 앞에 있었습니다. 1,000미터에 불과한 그건 산이라고 할 수도 없었지만, 난 밤낮없이 그 산만 생각했습니다. 일요일마다 갔지만 그 꼭대기에 오르진 못했습니다. 너무 작았던 나로서는 무척 힘들었어요. … 열네 살이 되었을 때 마침내 꼭대기까지 올라갔습니다. 하지만 그 꼭대기는 결코 높지 않았습니다! 그 후 내가 산에 오르기만 하면 똑같은 일이 벌어집니다. 산은 결코 높지 않습니다."

"말 그대로 산은 시작에 불과합니다. 그건 자신을 시

험하는 하나의 방식입니다."

"난 소년시절 때 보았던 인디언 의식에 여전히 사로잡혀 있습니다. 아홉 살이나 열 살이 되면 부족을 떠나 일주일 동안 완전히 홀로 지내야 하고, 부족의 다른 사람이 찾아내 죽일 수도 있기 때문에 꼭꼭 숨어있어야 합니다. 이 시험에 통과해야 비로소 전사라고 불릴 자격을 얻게 됩니다."

"산은 매년 새로워지는 통과의례와 같아서 산에 가서 자신을 시험하고 자신을 다시 발견해야 합니다. 그러면 자신을 더 잘 받아들일 수 있게 되지요."

"알다시피 난, 꿈의 왕국에서 살고 있습니다. 이런 나를 현실의 왕국으로 이끄는 게 바로 산이지요. 생사에 맞닥뜨리면 진정으로 자신을 시험할 수 있습니다."

산은 헤밍에게 있어 일종의 통과의례였으며, 산을 통해 그는 시험에 통과해 세상으로 나갈 자격을 얻었다. 별건 아니었지만 그는 구템베르그 씨와 풀어야 자잘한 일들이 몇 가지 남아있었는데, 그레노블에서는 모든 것이 잘 풀렸다. 클로드는 평소처럼 자급자족하고 있어서 헤밍은 걱정하

———* 게리 헤밍과의 인터뷰 기사에서. 『프랑스의 전설과 전통Légendes et traditions de France』(파리, 1979), A. 미셸A Michel, J-P 클레베J-P Clebért

지 않았다. 그가 정말로 걱정한 것은 세계의 정치 상황이었다. 핵전쟁이 임박했다고 더욱 확신하게 된 혜밍은 클로드에게 캐나다나, 더 좋게는 호주로 가라고 설득을 계속했다. 케네디가 암살되자 그는 심히 좌절했으며, 언론에서 암시하기 전부터 그 사건을 어떤 음모의 결과라고 확신했다. 그는 클로드와 정치와 철학에 대해 토의하고 서로에 대한 애정을 즐기며 마지막 며칠을 보냈다.

마침내 그가 떠나야 할 때가 되었다. 크리스마스를 며칠 앞둔 1962년 12월 20일이었다. 클로드는 그레노블에 혼자 있어야 하는 상황이었고, 아이는 언제 태어날지도 모르는 시점이었다. 처음으로 클로드는 자신의 감정을 애써 숨기려 하지 않았으며, 그들의 작별은 우울했다.

혜밍은 울적한 마음으로 차를 얻어 타고 그레노블을 떠났다. 그의 가방에는 할린의 아이들인 조니Johnny와 안드레아Andrea에게 줄 크리스마스 선물이 들어있었다. 할린은 유럽과 알프스를 떠나고 싶지 않았지만 이미 공군을 제대한 후였으며, 그와 마라는 스위스 레장Leysing에 있는 미국학교에서 자리를 하나 얻어 최근 모든 가족이 그곳으로 이주했다. 혜밍은 북쪽으로 여행하기 전에 그들을 방문했다.

제네바, 로잔, 바젤, 그리고 하루 반이 지나 그는 코펜

게리 혜밍

하겐에 도착했다. 여행으로 마음이 들뜬 그는 슬픔에서 잠시 벗어났다. "아름다운 도시 코펜하겐! 의심할 여지없이 아름답다. 소녀들은, 원래 그런 존재들이긴 하지만, 눈이 부시다." 그는 며칠을 쉬면서 거리를 돌아다니며 상상에 빠졌다. "새로운 책을 써보면 어떨까? '어느 등반가의 대도시 안내서' 같은. 자존심 강한 훌륭한 등반가에게는 산악지역보다도 지구의 다른 어떤 곳들, 특히 야만적이고 잔인하고 커다란 도시들의 안내서가 더 필요할 것 같다."

그는 어떤 술집에서 예쁜 아가씨를 만나 잠시 동안 사랑에 빠졌다. 하지만 며칠이 지나자 늘 그러했듯 열정은 인내로 바뀌어 한계에 다다랐다. "코펜하겐에서의 나흘 밤은 너무 길었다. 크리스마스를 이토록 끔찍한 곳에서 보낼 줄이야." 그는 클로드와 곧 태어날 아이를 생각했다. 스웨덴에서의 첫 회의는 1월 1일로 잡혀 있었기 때문에 크리스마스를 보내고 떠나올 수도 있었다. 하지만 그는 크리스마스 분위기가 두려웠고, 혹시라도 미숙한 아이가 태어나면 어쩔 수 없이 계획을 바꾸게 될지도 모른다는 불안감에 휩싸였던 것이다. 그제서야 그는 말 그대로 자신이 도망쳐왔다는 사실을 깨달았다.

하지만 이제 그냥 계속 가는 수밖에 방법이 없었다. 그는 스톡홀름의 새 고용주를 만나러 갔다. 구텐베르그 씨는 나이가 아주 많은 데다 당뇨 합병증으로 눈도 잘 보이지 않았다. 그에게는 북아프리카에서 사업을 도와줘야 하는 아들이 있었지만 그 아들은 다리가 부러져 여행을 할 수가 없었으며, 그래서 헤밍에게 일자리를 제안한 것이었다. 이미 중고차 판매 경력이 있는 헤밍은 마라케시에서도 그 일을 해야 했다. 헤밍은 우선 타고 다닐 수 있는 폭스바겐 밴을 받고, 마라케시에 도착한 후 필요한 지시를 받기로 했다. 모든 것이 좀 애매하긴 했으나 급여가 좋아 헤밍은 구미가 당겼다. 그는 지금 열심히 일하면 향후 10년간은 일을 안 해도 먹고 살 수 있을 것으로 기대했다. "두 명의 아내와 서너 명의 아이가 있어도 말이야."

준비를 하는 데는 시간이 좀 걸렸다. 헤밍은 시민과 경찰 간 가상전쟁 이벤트가 벌어진 스톡홀름에서 새해를 즐겁게 보냈으나, 곧 그 도시에 싫증을 느꼈다. 그는 스톡홀름을 싫어했다. "여자들은 무척 아름다웠고, 남자들은 옷을 잘 빼입고 다녔다. 모든 것이 기계적이고 무감각했다. 마치 헉슬리의 신세계 같았다."

그는 코펜하겐에서 만난 릴Lil이라는 소녀에게 편지

————➤ 영국의 소설가이자 비평가인 올더스 헉슬리Aldous Huxley가 1932년에 발표한 『멋진 신세계Brave New World』는 극도로 발달한 가상의 미래를 배경으로 욕망과 말초적인 자극이 지배하는 세계를 그린 작품이다. 〈역주〉

게리 헤밍

를 썼다. "스톡홀름은 끔찍한 도시야. … 코펜하겐에서 보낸 시간이 너무 좋았는데 … " 자신이 발견한 것에 끊임없이 실망한 불쌍한 헤밍은 항상 과거를 그리워하면서, 곧 자신을 실망시킬 것이 뻔한 새로운 것에 이내 흥분했다. 그는 평생을 그렇게 흥분의 도가니에서 쓰라린 혐오로 옮겨가며 살았다. 새로운 나라와 새로 오를 산들, 그리고 짓궂은 미소를 되찾아주는 새로운 여성들을 발굴해내는 능력을 잃지 않으면서 말이다.

구템베르그 씨는 생활비조로 급여의 일부를 미리 지급해주었으며, 덕분에 헤밍은 일부 부채를 갚고 아이가 태어나면 돈이 필요할 클로드에게 수표를 보내줄 수 있었다.

그들은 아직 아이의 이름을 짓지 않았는데, 클로드가 하나를 정해서 헤밍의 의견을 묻기로 했다. 남자 아이가 태어나자 클로드는 두 사람이 가장 좋아하는 철학자 쇠렌 키에르키고르Sören Kirkegaard의 이름을 따서 쇠렌Sören으로 정했다. 그 철학자는 그들이 행복한 시간을 보냈을 때 활발한 토론의 주제를 셀 수 없이 제공한 인물이었다. 그녀는 헤밍에게 전보를 쳤다. "SOREN ERIC EST

———* 덴마크의 철학자 쇠렌 키에르키고르(1813-1855)는 실존주의 철학의 창시자로 불린다. 〈역주〉

NE(쇠렌 에릭이 태어났어)." 하지만 스톡홀름 사무실에서 철자를 잘못 쓰는 바람에 헤밍은 이런 수수께끼 같은 메시지를 받았다. "LOREN ERIC SYNÉ." 헤밍은 이상한 이름인 '로렌 에릭 쉬네'에 동의하는 전보를 답장으로 보냈고, 출생신고를 하러 간 클로드는 그 이름을 프랑스어인 로랑 Lauren으로 바꿨다.

로랑 헤밍이 태어나자 헤밍은 아들이 몹시 보고 싶었으며, 마침내 밴이 준비되어 떠날 수 있게 되었다. 헤밍은 아들이 너무 보고 싶었지만 파리를 경유해 가면서 마리를 창문 밖에서라도 만나보기로 했다. 그녀가 밖으로 나오지 않자 헤밍은 남부러울 것 없이 중산층으로 잘 살고 있는 그녀의 부모와 다투기 시작했다.

배터리, 오일펌프, 변속기 등으로 밴은 엉망이었고, 여행하는 도중 수없이 멈춰서 차를 수리 받아야 해서 헤밍은 꼬박 2주 만에 그레노블에 도착했다. 그리고 정작 그곳에선 머물 시간이 별로 없는 상황에서 클로드가 몹시 쇠약해져 있었다. 제아무리 클로드같이 건강한 여성이라 하더라도 출산을 하면 어느 정도는 쉬어야 한다는 생각은 둘 다전혀 하지 못했으며, 그녀에게는 곁에서 도와줄 사람도 없었다. 침울해진 그녀가 자주 울음을 터뜨리자 헤밍은 출발을 며칠 미뤘다.

그는 2월 초에 다시 출발했다. 마르세유 근처의 칼랑크로 간 헤밍은 하룻밤을 지내기 위해 칼랑크 뎅 보 Calanque d'En Vau에 있는 '피올레Piolet' 산장에 들렀다. 클로드와 함께 그곳에서 여러 차례 묵은 적이 있는 곳이었다. "유럽에서 가장 좋아하는 곳으로 한 번 더 돌아왔다."

그의 여행은 계속되었다. 스페인으로 건너간 그는 "바다와 산이 그토록 완벽하게 조화를 이룬" 바르셀로나에 몹시 끌렸으며, 그 후 알헤시라스Algeciras에서 페리를 타고 아프리카에 도착했다. 헤밍은 흥분을 감출 수 없었다. 그는 이틀도 안 걸려 마라케시에 도착했고, 도시의 야영장에 밴을 주차시키고는 우편으로 전달될 지시를 기다렸다.

구텐베르그 씨에게선 어떤 소식도 오지 않았다. 대신 그는 클로드가 보낸 편지를 많이 받았는데, 그녀는 주로 아이에 대해 쓰고 알프스에서 일어나는 일들을 알려주었다. 할린은 아이거 북벽을 오른 것*에 만족하지 않고 그 벽에 새로운 디레티시마direttissima 루트를 개척하고 싶어 했다. 게다가 그는 이 등반을 더욱 극적으로 만들기 위해 겨울에 하기로 했다. 이미 이탈리아의 재능 있는 산악인 이냐치오

─── * 존 할린은 아이거 북벽의 '1938년 헤크마이어' 루트를 오른 최초의 미국인이다. 〈역주〉

피우시와 로베르트 소르가토Roberto Sorgato와 함께 시도했다가 실패한 경험이 있었다.

아프리카 도시의 먼지가 풀풀 날리는 야영장에서 옴짝달싹하지 못하는 헤밍에게 알프스는 아주 멀게만 보였으며, 클로드와 마리를 비롯해 친구들에게 편지를 쓰며 시간을 보냈다. 시간은 흘러만 가고 아무 일도 일어나지 않았다.

결국 그는 마냥 앉아서 기다리느니 이 새로운 나라를 조금 둘러보기로 했다. 그는 도시가 마음에 들었고, 민속 복장이 아름답게 어울리는 시민들에게 매력을 느꼈다. 남성들은 자긍심이 무척 강했으며, 니캅niqab 사이로 두 눈을 반짝이는 여성들은 신비스럽기 그지없었다. 그들은 이제껏 상상했던 것보다 훨씬 더 매력적이었다. 단 한 가지 문제는 자신이 다녔던 모든 곳들 중에서도 유일하게 현지인들에게 말을 걸 수가 없다는 것이었다. 아마도 그건 그들이 키가 크고 삐쩍 마르고 금발머리를 한 이 남자를 의심스러운 눈초리로 바라보며, 그가 여인들을 바라보는 방식을 마음에 들지 않아했기 때문이었을 것이다.

헤밍은 드라Draa 계곡, 콰자르자테Quazarzate 등을 거쳐 남쪽의 사막을 여행했다. "모든 사막이 똑같다. 사람들만이 다를 뿐이다." 그는 캘리포니아의 사막이 그리웠다.

사실 그는 캘리포니아를 그리워했고, 와이오밍을 그리워했고, 프랑스와 알프스를 그리워했다. 그는 되돌아가서 다시 등반하고 싶었다. 드류 서벽에 훨씬 더 직선적인 루트를 내면 어떨까? 그랑드조라스 북벽에 있는 수직의 빙벽 '렝쉘Linceul(수의)'은 어떨까? 그는 취나드를 이런 프로젝트들에 끌어들이고자 편지를 썼으나, 이미 예전의 열정이나 확신은 없는 상태였다.

클로드만이라도 곁에 있다면…, 아니면 마리라도….

그는 "캘리포니아와 네바다의 산악지대 사막을 닮은 곳"인 아틀라스산맥을 향해 북쪽으로 여행하며 수많은 별들을 바라보며 잠이 들었다. "클로드가 여기 있다면 얼마나 좋아했을까. 그녀라면 사람들과도 잘 어울렸을텐데…."

그는 아틀라스산맥 최고봉인 투브칼Toubkal(4,167m)을 올라가보고 싶었다. 하지만 아무리 아프리카라 하더라도 그런 고도라면 겨울에 눈이 많을 것 같았다. 게다가 그에게는 적당한 등산화나 쌀쌀한 바람을 막아줄 옷도 마땅치 않았다.

그래서 마라케시로 돌아온 헤밍에게 쿠템베르그 씨가 보낸 편지가 우체국에 와 있었다. 하지만 그 지시는 모호

---

* 1965년 할린과 로빈스가 이곳에 "아메리칸 디레티시마"를 개척했는데, 2005년 대규모 낙석 사태로 루트가 사라버렸다. 〈원주 및 역주〉

하고 수상쩍었다. 헤밍은 모든 일에 의심을 품게 되었는데, 이어진 지시로 인해 의심은 확신으로 바뀌었다. 상태가 좋지 않은 차들을 암시장에서 판매하라는 지시였다. 헤밍은 일을 계속할지 아니면 짐을 쌀지를 놓고 깊은 고민에 빠졌다. 그는 분명 돈이 필요했다. 아들도 있는데다 돈이 없으면 하루하루 먹고살기가 힘들었기 때문이다. 하지만 구템베르그 씨는 어떤 결정을 내렸는지 갑자기 모든 연락을 끊고 잠적해버렸다.

헤밍은 어찌 해야 할지 몰랐다. 그는 몇 주를 야영장에서 지내고 있던 독일인 연인과 알고 지내온 터였다. 그는 그의 어머니와 할린의 부인 마라를 연상시키는 그 아가씨에게 끌렸다. 당연히 클라우스Klaus는 자신의 약혼녀를 대하는 헤밍의 태도를 못마땅하게 여겨 그들의 우정은 어색하게 끝났다. 헤밍에게 그 야영장은 이미 불쾌한 장소였지만 이제 주위 사람들과의 관계까지 틀어지자 더 이상 견디기가 힘들어졌다. 설상가상으로 헤밍은 우체국에서 일하는 한 프랑스인과 말다툼까지 벌였다. 프랑스어로 친숙하게 말을 걸어온 사람에게 헤밍이 내가 네 동생이냐고 모욕한 것이 사건의 발단이었다. 헤밍은 그를 한 대 치려고 했으나 그러기도 전에 입 주위를 한 방 얻어맞고 말았다. 헤밍은 싸움을 하면 언제나 이런 식이었다. 입술이 찢어진

게리 헤밍

것도 부족했는지 경찰이 출동했다. 자동차를 불법적으로 판매하라고 상세하게 지시한 구템베르그 씨의 편지가 호주머니에 있다는 걸 알고 헤밍은 완전히 패닉에 빠졌다.

이 정도면 됐다고 생각한 헤밍은 떠나기로 했다. 밴을 팔아 프랑스행 비행기 표를 사고자 했으나 마땅한 구매자를 찾기가 쉽지 않았다. 마라케시에 처음 도착했을 때는 10명쯤 되는 모로코인들이 차를 팔라고 달려들었는데, 이제 그들도 돈이 다 떨어졌는지 아무도 관심을 보이지 않았다. 다채롭고 '자긍심이 강하고 신비스러운' 아랍인들은 그를 불쌍한 거지로 취급하며 혐오했다.

정말 우연하게도 헤밍은 한때 알피니스트였던 나이든 프랑스인 요셉Joseph을 만나게 되었으며, 카사블랑카에 살고 있는 그는 헤밍이 자신의 집에서 머물 수 있게 해주었다. 카사블랑카에서 기분이 좋아진 헤밍에게 행운까지 따랐다. 마침내 간신히 밴을 팔아 파리행 비행기 표를 살 수 있게 된 것이다.

CHAPTER THIRTEEN

미국으로 돌아가다

파리에서 헤밍은 마침내 마리와 만날 약속을 잡을 수 있었
는데, 그때 이미 약혼을 한 그녀는 헤밍과도 몰래 만났다.
이에 헤밍의 애정이 다시 불타올랐으나, 그녀는 미국으로
함께 떠나자는 헤밍의 요청을 거절했다. 그제서야 헤밍은
자신이 "마리의 실체가 아니라 그녀의 이미지, 젊고 우아
하지만 반항적인 소녀의 이미지"를 사랑하고 있다는 사실
을 깨달았다. 처음으로 그는 환상이 깨진 마리를 볼 수 있
었으나, 그 순간은 짧았다. 마음속 깊은 곳에서 헤밍을 잃
고 싶지 않았던 마리가 자신은 그만을 생각할 것이며, 약혼
자와 가족을 떠나 미국으로 가겠다고 약속했기 때문이다.

불현듯 새로운 사랑과 믿음이 샘솟은 헤밍은 자신이

게리 헤밍

간직해온 일기장들을 마리에게 주면서 자신이 쓰는 작품들도 읽을 수 있게 해주겠다고 약속했다. 그 이후 헤밍은 자신의 일기를 마리의 눈에 맞춰 잠재의식적으로 검열하기 시작했고, 마리는 자신의 지적사항을 추가해 그에게 돌려주었다. 때로는 진부하기 짝이 없는 그런 지적을 헤밍은 심오한 관찰로 받아들였다. 헤밍은 마리가 부모와 함께 튀니지로 휴가를 떠날 때까지 파리에 머물렀으며, 그러고 나서야 그레노블로 돌아왔다.

그가 돌아오기 전에 '그녀'와 너무나 많은 시간을 보냈다는 걸 알게 된 클로드는 울음을 터뜨렸다. 클로드는 강인한 여성이었으며, 마리의 존재를 알면서도 결코 불평하지 않았다. 헤밍은 자신을 기다리면서 불안하고 초조했을 그녀를 이해하고 용서를 구해야 했지만, 결코 그러지 않았다. 그들의 '계약'에 아주 작은 위반이 생기자 헤밍은 폭발했으며 부당하게도 그녀에게 등을 돌렸다. 그녀는 열린 마음의 진보적 여성으로 보이고 싶었지만, 대신 "욕심 많은 속물이다. 그녀에게는 혼자 살아갈 만한 용기가 없다. 그녀는 내가, 사랑하는 단 한 사람을 얻고자 지난 2년 동안 노력했으며, 번번이 무산되었다는 사실을 깨닫지 못하고 있다."는 게 헤밍의 생각이었다. 그는 자신이 얼마나 이기적인지 알지 못했다. 하지만 며칠도 지나지 않아 흥분이 가라앉고 그들이 오랫동안 유지해온 조화가 다시 찾아왔다. 헤밍은 자신의 행동을 뉘우쳤고, 일기를 통해 자신의 양심을 성찰했다. "단지 책임을 벗어날 수 없다는 중압감에 짜증이 나서 그녀에게 화를 냈을 뿐이다. 클로드가 다시 우리의 관계를 하나의 모험으로 생각하자마자 나는 바로 다시 그녀와 사랑에 빠졌다. 그녀는 내 어머니와 함께, 내가 아는 가장 용감한 여성이다." 그는 또 자신이 클로드에게 숨긴 어떤 중요한 일에 대해서도 부끄럽게 생각했다. 그녀는 헤밍이 마리에게 미국으로 함께 가자고 애원한 사실을 알지 못했으며, 그가 클로드에게는 들여다보지도 못하게 했던 그의 일기장을 준 사실도 몰랐다. 그는 정말 불공정했지만, 불행히도, "인생과 마찬가지로 사랑에는 정답이 없다."

그해 여름 그들은 샤모니의 캠핑장에서 함께 지냈다. 그들은 오랫동안 함께 걷기도 하고 아르장티에르Argentière 산장까지 오르기도 했다. 하지만 산을 바라보는 헤밍의 마음은 이전과 달라져 있었다. "이곳은 좀처럼 볼 수 없을 만큼 거대한 얼음과 눈의 벽으로 둘러싸여 있다. 동정심도 없이 절망적으로 거대한, 엄숙하게 인간과 동떨어져 있는 벽이다. 이런 곳을 어떻게 감히 오를 수 있겠는가? 이것이야말로 진짜 남자의 벽이다. 이런 벽에 매달리려면 인생을

게리 헤밍

걸어야 한다. 이곳을 오르려는 사람들에게는 삶과 죽음의
벽이다."

혜밍이 일기를 쓸 때면 클로드는 몇 미터 떨어져 앉아
있었다. "산으로 돌아오자 그녀는 다시 아름다워졌다. 산
에서 그녀만큼 아름다운 여인은 아무도 없다." 그녀가 옆
에 있을 때 혜밍은 비로소 마음의 평화를 얻었다.

며칠 후 클로드는 그레노블로 돌아갔고, 혜밍은 튀니
지에 있는 마리에게 계속 편지를 썼다. 그는 그녀에게 자
기가 기다리고 있을 몬트리올로 와서 함께 미국으로 가자
고 설득했다. 미국으로 돌아갈 결심을 한 그는 친구들과
여자 친구들, 심지어는 주디스에게까지 이미 편지를 써서
그 사실을 알렸다. 마리는 그의 편지에 답장을 보내긴 했
으나 떠날 결심을 하지 않았다. 혜밍은 튀니지에서 몬트리
올로 가는 비행기 표 한 장을 사서 그녀에게 보냈지만 결
국 그 표는 사용되지 않았다.

혜밍은 샤모니에 잠시 머무르며 드류 등반을 계획 중
인 할린을 기다렸는데, 바로 서벽에 내기로 한 유명한 디레
티시마 루트였다. 할린은 함께 아이거에서 '슈퍼 다이렉트'
루트를 시도하기로 한 피에르 마조와 유고슬라비아 알피
니스트 알레시 쿠나베르Aleš Kunaver와 함께 도착했다.

혜밍과 할린은 다시 만나자마자 조금 심한 논쟁을 벌

였다. 할린은 소위 극지법 방식으로 루트를 끝낼 생각을 하고 있었다. 이 방식은 몇 피치를 오른 후 내려오고, 다음 날 고정로프를 타고 다시 올라가서 그 다음 피치들을 오르는 방식을 정상까지 계속 반복하는 것이다. 헤밍은 이 전술에 동의하지 않았다. 그 전해 푸에서 기상이 악화돼 내려와야 하는 바람에 의도치 않게 부분적으로 이 방식을 이용하긴 했지만, 헤밍은 그 등반이 만족스럽지 않았다. 둘의 논쟁은 좀처럼 합의점을 찾지 못했으며, 헤밍은 일행을 남겨둔 채 떠나버렸다.

그 시즌에 헤밍이 샤모니에서 다른 등반을 했는지는 알려진 바가 없다. 헤밍이 등반을 하지 않고 몽블랑 산군 밑에서 시간을 보냈을 리는 만무하지만, 그의 일기에는 루트에 대한 이야기가 없고 친구들에게도 등반에 대한 어떤 이야기도 하지 않았다. 시즌이 끝나기 훨씬 전에 헤밍은 그레노블로 돌아갔다. 그는 굳게 잠긴 트렁크 하나를 클로드에게 맡기고는 등반장비 일부를 미국의 잭슨으로 보내달라고 부탁했다.

클로드와의 작별은 가슴 아팠으며, 헤밍은 그녀에 대한 애정이 다시 피어오르는 걸 느꼈다.

7월 20일 뉴저지에 도착한 헤밍은 스털링 닐과 함께 머물렀다.

다음 여행지로 그는 뉴욕으로 가서 주디스를 다시 만났다. 어쨌거나 그녀는 헤밍을 무척 사랑하고 있었으며, 헤밍 역시 그녀를 생각하며 프랑스에서 몇 번 편지를 보낸 적이 있었다. 그녀는 예전과 똑같은 모습이었으나 1시간도 채 지나지 않아 헤밍은 그녀에게 실망하고 있었다. "털도 깎고 머리도 좀 빗어, 머리가 너무 길잖아. 이도 좀 교정하지 그래…." 맙소사, 이제까지 헤밍은 어떻게 그녀를 참았던 걸까?

그동안 너무나 많은 시간이 흘러서 미국은 그가 떠났을 때와는 사뭇 다른 나라처럼 보였다. 도로에서나 지하철에서나 예전에는 알아차리지 못했던 긴장되고 야만적인 분위기가 넘쳐흘렀다. 어느 날 저녁 그는 로드아일랜드에 있는 술집에서 주위 사람들을 둘러보았다. 서로 알지 못하는 낯선 사람들이고 서로에게 적대감도 없는 사람들이었으나, 그는 훗날 한 친구에게 이렇게 편지를 썼다. "그곳은 폭력과 증오가 너무 두텁게 깔려있어 칼로 벨 수도 있을 것 같았다."

로드아일랜드에서 뉴욕으로 차를 얻어 타려는 과정에서 두 젊은이가 반짝반짝 빛나는 새 차를 세워주었는데, 얼마 안 가 기름이 떨어지자 그들은 차를 도로변에 세웠다. 그때 경찰 두 명이 차로 다가왔고, 이를 본 두 젊은이는 차에서 잽싸게 내려 숲속으로 도망쳤다. 차 안에 있던 헤밍은 영문도 모르는 채 놀라서 지켜보기만 했다. 차는 도난 차량으로 밝혀졌고, 헤밍은 심문을 위해 구류되었다. 하지만 그들은 그를 '미스터 헤밍'이라고 부르면서 공손하게 대했으며, 로드아일랜드의 술집에서보다 우호적이었다. 안심한 헤밍은 마침내 그곳이 진짜 미국, 늘 가슴에 품고 있었던 미국, 독립을 선언한 미국, 시민 모두가 신성하고, 죄가 인정되기 전에는 무죄로 인정되는 그런 미국이라고 생각했다.

하지만 그들은 유치장에 있는 그를 한밤중에 깨웠다. 이번에도 그의 일기장이 문제였는데, 일기장을 본 경찰이 헤밍을 음란죄로 입건한 것이다. 사실 헤밍의 세속적 언어는 마리가 그의 일기를 읽어보기 시작한 이후 좀 나아지긴 했지만 여전히 너무나 천박해 경찰들은 충격을 받았다. 설상가상으로 일기장에는 클로드가 가슴을 드러내고 로랑에게 젖을 먹이는 사진도 들어있었다. 갑자기 헤밍은 '미스터 시민'이 아닌 '미스터 혐의자'가 되었고, 그를 둘러싼 사람들의 얼굴도 로드아일랜드의 술집에서 본 사람들의 얼굴처럼 험악해졌다.

결국, 그는 머리를 자르라는 훈계를 받고 풀려났다.

게리 헤밍

서부로 가기 전 헤밍은 '건크스'에 들렀다. 그곳엔 아는 친구들도 없었고 익숙한 얼굴들도 찾아볼 수가 없었는데, 그때 새로운 지인 몇몇이 그에게 메스칼린mescaline을 권했다. 헤밍이 어떤 식으로든 마약류를 시도해본 건 그때가 처음이었다. 마리는 몰래 마리화나를 피곤 했는데, 이것이 바로 그녀를 그런 수준의 반항아로 생각하게 됐던 이유들 중 하나였다! 이런 것들에 반대한 헤밍은 종종 그녀에게 잔소리를 했으나 짜증과 다툼만 불러일으킬 뿐이었다. 하지만 의식의 지평을 넓혀주는 듯한 메스칼린은 헤밍에게 하나의 계시였다.

다음 목적지는 잭슨이었다. 그곳에 도착하자마자 헤밍은 제일 먼저 클로드의 편지를 찾으러 우체국으로 달려갔다. 그의 등반장비들은 이미 도착해있었다. 그런 다음 옛 친구들을 다시 만났는데, 모두가 거기에 있었다. 배리 코벳, 빌 브릭스, 피트 싱클레어, 모트 헴펠 … 심지어 로열 로빈스는 부인과 함께 와 있었다. 헤밍은 티톤으로 돌아온 것이 기뻤으나 친구들과의 재회는 기대만큼 행복하지는 않았다. 모두 중산층이 되고 물질주의에 빠진 것 같아서 그에게는 예전과 다르게 느껴졌기 때문이다. 사실 그들 중 일부는 결혼도 하고 본격적으로 생업에 뛰어들기도 했다. 물불을 가리지 않는 젊음이 영원히 지속될 수는 없는 법이니까….

예전에 그랬던 것처럼 그는 그 유명한 '티톤 티 파티'에 참석했지만, 그들이 떠나자 바로 제니 호숫가에 홀로 앉아 메스칼린과의 '여행'을 떠났다. 유도된 각성의 상태에서 그는 잘못된 목표를 향해 달려온 인생 전체에서 자신이 얼마나 많은 방황을 했는지 되돌아보았다. 대학, 등반, 그리고 모험에 이르기까지…. 그리고 자신의 인생은 결코 찾지 못한 어떤 것을 찾으러 다녔던, 하나의 커다란 탈출이었다고 결론지었다. 세계 여행은 실수가 아니었을까? 내가 찾으려 했던 것은 바로 그곳 집에, 바로 내 곁에 있었던 건 아니었을까? 그런데도 그걸 알지 못했던 건 아니었을까?

어쩌면 메스칼린이 그가 원하는 걸 찾을 수 있도록 도와주었을 수도 있고, 정말로 장소의 영향이 아주 크게 작용했을지도 모른다. 아무튼 헤밍은 잭슨에 머물며 어떤 형태로든 안정을 찾기로 했다.

그는 클로드에게 편지를 썼다. "숲에서 나무를 자르는 일자리를 하나 찾았어. 힘들긴 해도 건강에도 좋고 돈벌이도 괜찮아. 매일 밤 지치고 배고픈 몸으로 이곳 제니 호수의 야영장으로 돌아오긴 해도 기분 좋은 피로 같을 걸 느껴. 참, 그리고 여기서 젊은 아가씨 하나와 어울리게 됐어. 남편은 그녀가 옴짝달싹 못하게 두 살 난 아이와 텐트 한

게리 헤밍

동만 남겨놓고는 씩씩거리며 뉴욕으로 떠나버려서, 우린 둘 다 좋을 때까지 외관상이긴 하지만 가족의 모습으로 지내기로 했어."

그는 자신의 일을 즐겼으며, 일찍 일어나 나무를 자를 곳까지 한 두 시간 걸어가기를 좋아했다. 그는 3,000미터 고지의 신선한 공기에 섞인 송진 냄새에 흠뻑 취했다. 그리고 육체적 피로 대신 기분 좋게 건강하고 강해지는 걸 느꼈다. 시골은 아름다웠고 다채로운 색상이었다.

헤밍이 이런 생활에 싫증을 느낄 틈도 없이 여름이 지나가고, 영원한 불안감도 그를 떠난 것 같았다. 그는 클로드에게 자주 편지를 쓰며 페기Peggy와 함께 지내는 일상을 들려주곤 했다. 두 살 난 아이와 텐트 한 동에서 계속 지낼 수 없어 그들은 잭슨 마을에 작은 아파트 하나를 빌렸다. 미국에선 결혼하지 않은 남녀가 함께 사는 것을 여전히 탐탁치 않게 보는 분위기여서, 어쨌거나 영구적으로 동거만 할 수는 없는 일이었다. 남들 눈치를 보진 않았지만 그래도 그들은 마음이 불편했다. 유럽이라면 상황이 달랐을지도 모른다! "그리고 물론 내 일은 아주 멋져. 페기는 내게 그림 그리는 법을 가르쳐 주고 있지." 하지만 목가적으로 보이는 이 생활은 떨쳐낼 수 없는 그의 불안감으로 인해 늘 방해받았다. "나는 이곳이 두렵다. 나는 이 나라가 두렵

다. 폭력의 기운이 감돈다. 온 나라가 골드워터Goldwater[*]
의 물결이다. 여기 와이오밍에서는 10명 중 9명이 11월에
그에게 투표한다고 한다."

와이오밍은 최종 접경지역들 중 하나로 꼽히는 보수
지역이다. 광활한 지역에 드문드문 목장들이 있어서 소들
이 드넓은 목초지에서 풀을 뜯고, 카우보이들은 몇 주 동안
평원을 돌아다닌다. 그들이 마을로 돌아오면 가죽 바지를
채 벗기도 전에 술집으로 달려가 고꾸라질 때까지 퍼마신
다. "그런 사람들이 어떻게 진보적인 사상을 가질 수 있으
며, 민주적인 생각을 할 수 있겠는가?"

어느 날 저녁 한 술집에서 혜밍은 에번스Evans라는 카
우보이와 말다툼을 벌였다. 그들은 얼마간 서로를 노려보
았다. 혜밍은 에번스를 좋아하지 않았다. 사실 혜밍은 에
번스를 몹시 싫어했는데 그 이유는 그가 "내가 미국에 대
해 싫어하는 모든 걸 다 갖고 있기" 때문이었다. 그리고 혜
밍의 경멸감을 느낀 그 카우보이도 당연히 그를 좋아하지
않았다. 혜밍은 말을 멈추는 법을 배우지 못했으며, 그날
저녁에는 가도 너무 멀리 갔다. 에번스는 아무런 말도 없
이 술집을 나갔으며, 혜밍이 마침내 자리에서 일어나자 카

──[*] 배리 모리스 골드워터Barry Morris Goldwater(1909-1998)는 1964년 미
국 공화당 대통령 후보였다. 〈역주〉

게리 혜밍

우보이 셋이 그를 따라와 골목으로 밀어 넣었다. 그들에게는 몽둥이가 있었고 헤밍은 무방비 상태였다. 그들이 내팽개쳐두고 갔을 때 헤밍은 왼쪽 다리가 부러지고, 턱이 깨지고, 온몸이 찢어져 있었다.

　누군가 페기에게 이 사실을 알렸는지 놀란 그녀가 허둥지둥 뛰어왔고, 그곳에서 의식을 잃고 쓰러져 있는 헤밍을 발견했다. 그녀는 그를 차로 끌고 가 병원으로 향했다. 헤밍은 아주 많이 망가졌지만, 클로드에게 편지를 쓸 때는 농담으로 심각한 부상을 숨기려 했다.

　"의사들이 아래턱이 떨어져 나가지 않도록 위턱에 매달았어. 오른쪽 눈은 새로운 형태의 수술용 테이프로 붙여 놨는데, 하루 종일 위를 쳐다보고 있어야는 것만 빼고 나쁘진 않아. 왼쪽 귀는 더 이상 없어. 의사들은 구경꾼 하나가 물어뜯었다고 해."

마침내 목발을 짚고 퇴원을 한 그는 더 이상 페기와 함께 지낼 수 없었다. 그녀 곁을 떠나는 것이 미안했지만 하루도 더 머무를 수 없었다. "나는 폭력으로부터 탈출한다. 그 계곡으로 다시 돌아가지 않을 것이다. 이번에 떠나면 미국으로는 절대 다시 돌아오지 않을 것이다. 이것은 '죽느냐 사느냐'의 문제다. … 이 나라에선 죽음이 나를 뒤쫓아 오고 있다. 잡히기 전에 떠나야 한다."

잭슨을 떠나기 전 그는 공동묘지를 찾아갔는데, 그 이유는 아무도 알지 못한다. 마을을 벗어나 언덕을 반쯤 오르면 나오는 그곳은 산들이 보이는 고즈넉한 장소였다. 그는 묘비를 하나씩 바라보며 얼마간 그곳을 배회했다. 그리고 일기에 이렇게 기록했다. "여기서는 그랜드 티톤이 보이고, 마운트 오웬Owen과 티위노트Teewinot도 보인다. 하지만 그 색깔들은 선명하지 않고 흐릿한 갈색과 초록색, 노란색이다. 더 높은 곳으로 가야 빨간색과 보라색, 반짝이는 초록색들이 보일 것이다. 여기서 보면 잭슨은 거친 서부의 산골 마을만큼이나 황량하다. 그리고 저 태양은 너무나 따스하고, 산들바람은 또 어찌나 부드러운지 … "

게리 헤밍

게리 헤밍(1967년 파리로 짐작)

제 2 부

CHAPTER FOURTEEN

다양한 진실의 조각들

3월의 화창한 어느 날 아침 나는 잭슨홀의 공동묘지를 찾았다. 햇볕은 너무나도 따스했다…. 하지만 비석들은 여전히 1미터나 되는 눈에 덮여 있었다. 함께 온 빌 브릭스에게 헤밍의 묘지를 알려달라고 했지만 그는 그럴 수 없었는데, 공동묘지에 와본 적이 없었기 때문이다.

"누가 알고 있을까요?"

"어머니요. 그의 어머니가 장례식을 따라간 유일한 사람이었습니다."

브릭스의 집은 공동묘지에서 5분 거리의 잭슨 외곽에 있다. 인근에는 스키 리프트, 실내수영장, 사우나와 자쿠

게리 헤밍

지가 완비된 호텔이 있는 스노킹Snow King 스키리조트가
있으며, 그는 슬로프를 디자인하고 스키학교를 운영했다.
"어이, 빌!" "안녕, 빌!" 지역 전설들에겐 당연한 일이지만,
사람들은 그에게 친근하게 존경을 표했다. 15년 전쯤 브릭
스는 그랜드 티톤의 가파른 동쪽 사면을 스키로 내려와 전
설이 되었다.

　브릭스는 나와 함께 제니 호수로 갔다. 도로가 여전히
눈으로 막혀 있어 우리는 어느 정도 거리를 스키로 가야
했다. 호수도 얼어 눈이 덮여 있었으며, 기슭의 나무들로
부터 광활하게 펼쳐져 있어서 그런지 형태를 거의 알아볼
수 없었다. 너무나 고즈넉하고 솔향기가 코끝을 자극하는
그곳은 겨울에도 무척 아름다웠다. 푸른 호수와 녹색 잔디
가 펼쳐지고, 형형색색의 꽃이 피는 여름에는 더욱 환상적
일 것 같았다…. 마르세유 인근의 칼랑크와 함께 다른 어
느 곳보다도 이곳을 좋아했던 헤밍은 이렇게 말하곤 했다.
"세계에서 가장 아름다운 두 곳은 티톤과 칼랑크다."

　브릭스가 걸음을 멈췄다.

　"바로 저기, 당신의 스키가 있는 저곳이 제가 헤밍의
시신을 발견한 곳이에요."

한 달 후 나는 파리로 피에르 조프로이를 찾아갔다.

"저는 끝냈어요. 미국으로 돌아가서 이번엔 거의 모든 사람을 만났습니다. 그의 어머니와 이틀을 함께 보냈는데, 어머니는 그에 대한 말은 하지 않고 자기 가족 얘기만 들려줬습니다. 뭐, 어머니가 조심스러워하시는 건 충분히 이해가 갔습니다. 저는 잭슨홀에 있었고, 그가 죽었을 때 거기 있던 모든 이들과 얘기를 해보았습니다. 적어도 중요한 부분에선 모두의 얘기가 일치했어요."

"그래서 결론은 어떻게 났습니까?"

"살해 가능성 말씀이신가요? 아뇨, 자세히 조사할 것까지도 없습니다. 그 소문은 많은 사람들이 게리를 활기차고 아이디어와 에너지가 넘치는 사람으로만 알고 있었고, 따라서 그의 자살을 받아들일 수 없었기 때문에 나온 얘기라고 생각합니다."

"그럼 당신은, 그를 아는 많은 사람들과 대화도 나눠보고, 자기만의 느낌도 갖고 계신 당신은 어떻게 생각하시나요?"

"당연히 저도 생각이 있지만, 전기 작가가 어떤 가정을 마음속에 두고 글을 쓰는 게 옳은 건지는 잘 모르겠습니다. 객관성에 근거하는 저의 주장이 명분을 잃을 수 있으니까요."

"반면에, 전기 작가가 인물이나 사건에 대해 어느 정도 주관적인 생각을 갖지 않는다면, 그것 역시 좋은 건 아니겠지요. 그래서, 당신의 결론은 무엇입니까?"

"살해되었다고 생각하진 않습니다. 게리가 자신을 쐈다는 게 아주 그렇게 허무맹랑하지도 않고요. 그의 기분은 극에서 극으로 치달았고 성질이 누그러지면 한없이 풀이 죽었습니다. … 그날 오후 제니 호숫가 근처 야영장에서 싸움이 벌어졌습니다. 모두가 술을 너무 많이 마셨습니다. 게리는 다른 사람들보다 더 많이 마신 것 같고, 알코올이 그에게 악영향을 끼쳤을지도 모릅니다. 지금까지 들은 얘기를 종합하면, 게리는 술에 취하면 언제나 폭력적이 되곤 했고, 이번에도 역시 사람들을 자극하며 싸움을 걸기 시작했습니다. 어느 순간 그는 마이크 로우Mike Lowe에게 한 판 붙자고 대들었습니다. 자신을 내세우려고 자기보다 덩치가 더 큰 사람을 고른 거라고 합니다. 180센티미터가 넘는 키의 마이크는 체구가 단단하고 게리처럼 마르지도 않았습니다. 게다가 사람들 말에 의하면 그는 유도 유단자였어요. 게리를 눕히는 데는 시간이 많이 걸리지도 않았고, 다치지 않게 제압했습니다. 왜냐하면 그의 상태를 보면 누군가를 다치게 할 수도 있었으니까요."

"그런 다음엔?"

"그때 빌 브릭스가 와서 그를 멀찍이 데리고 가서 얼마 동안 얘기를 나누며 진정시켰습니다. 그가 자리를 떠나자 게리는 진정이 되었고, 차를 몰고 머피Muffy를 찾으러 갔습니다."

"그럼 그가 머피와 있었나요?"

"그는 배낭을 찾아 그 안에서 권총을 꺼냈습니다. 심지어 공중으로 한 발을 쏘기도 했지만 그러고 나서 밖으로 나갔습니다. 이것이 두 번째 총성이 울리기 전까지 일어난 일입니다."

"그럼 두 번째 총을 쏠 때는 옆에 아무도 없었나요?"

"예"

"모두 어디에 있었죠?"

"글쎄요, 모두들 흩어져 텐트나 집에 있었을 겁니다. 당시 호숫가에는 통나무 오두막도 몇 채 있었고, 또 어떤 이들은 차에서 자기도 했습니다. 빌 브릭스는 밴 안에서 총소리를 들었다고 합니다."

"그런데도 무슨 일인지 알아보러 가지 않았나요?"

"누구도 심각하게 받아들이지 않았습니다. 미국에선 총을 소지하는 게 아주 일반적인 데다 장난삼아 쏘기도 합니다, 영화에서처럼 말이죠. 특히 카우보이가 있는 지역에선 더욱 그렇습니다. 우리와 달리 그 사람들은 총소리를

게리 헤밍

들어도 크게 놀라지 않아요. 그날 싸움을 본 사람들은 게리가 술에 취한 채 숲속으로 가서 여기저기 총을 쏘고 있다고 생각하고, 잘못하면 총에 맞을 수도 있기 때문에 밖으로 나가지 않는 게 좋다고 생각했습니다. 아니, 어느 누가 한밤중에 술 취한 놈이 손에 총을 들고 날뛰는 숲속으로 나가보려 하겠습니까? 저라도 그렇습니다⋯. 아무튼 모든 얘기가 일치합니다. 두 번째 총소리가 들렸을 때 헤밍 곁에 아무도 없었다는 사실에는 말입니다."

"제가 이상하게 생각하는 건 이런 진술들이 20년이 지났어도 여전히 일치한다는 사실입니다. 시간이 지나면 잊어버리기 마련이고 기억도 희미해지는데 말이죠⋯. 그리고 자살 가능성은 처음부터 의심을 받았습니다. 어떤 음모가 있진 않았을까, 하구요. 그렇다고 해서 게리가 계획적으로 피살되었고 보지는 않습니다. 그러나 총을 쏘는 순간 어떤 사고가 있었는지는 잘 모르겠습니다⋯. 누군가 게리의 손에서 총을 빼앗으려 했는데, 총구가 게리로 향한 순간 실수로 격발이 되었을지도 모르죠. 거기에 있던 모든 사람들이 목격자가 없는 살인자를 돕기로 하고, 평생 비밀로 간직하자고 약속하고 경찰에게 얘기를 꾸며댔을 가능성도 있습니다. 그래서 그들의 얘기가 그토록 일치할 수 있었던 게 아닐까요."

"불가능한 얘기는 아니지만 그럴 가능성은 없습니다. 게리는 마이크와 다투는 동안 총을 갖고 있지 않았어요. 어쨌든 게리의 개성을 '분석적'으로 해석해보면 자살 가능성은 나타나지 않습니다. 왜 가장 간단한 이론을 부정하죠? 이미 받아들여지지 않았나요?"

"게리가 자살했다는 건 말도 안 됩니다. 그는 돈을 벌려고 알래스카로 갔습니다. 프랑수아즈Françoise와 결혼할 수도 있었고, 그럴 계획도 있었다구요. 그런 행복한 계획을 갖고 있는 사람도 자살하나요?"

"하지만 전 행복을 원했던 그의 꿈이 산산조각 났다는 걸 알게 됐습니다. 프랑수아즈는 나이로비에서 다른 사람과 결혼했고, 헤밍은 불행했습니다. 그는 매일같이 그녀에게 편지를 쓰고 답장을 기다렸지만 결국 받지 못했죠…. 그럼 아시다시피 누구든 우울증에 빠지게 됩니다."

"그건 너무 단순해서 믿을 수가 없습니다. 게리는 그렇게 쉽게 포기할 사람이 아닙니다. 철저하게 다시 조사해보세요. 필요하면 처음부터 다시…."

더 쉽게 설명했다고 해도 나는 믿을 수 없었을 것이다. 만약 헤밍의 죽음이 자발적인 것이었다고 믿어야 한다면, 무엇이 그를 자살로 이끌었는지라도 알아야 했다.

그리하여 마침내 나는 피에르 조프로이의 허락을 받고 헤밍의 일기를 읽을 수 있게 되었다.

수년을 기다리게 하긴 했지만 그는 언제나 도움이 되는 소소한 정보들을 알려준 사람이었다. 르네 드메종으로부터 주소를 받아 처음 만나보았을 때 그는 다른 사람들과는 태도가 아주 달랐다. 내가 왜 헤밍에 대한 글을 쓰기로 했는지 궁금해했으며, 내가 이미 모은 정보들도 모두 알고 싶어했기 때문이다. 사실 그건 그리 특별한 건 아니었다. 나는 등산잡지에 헤밍과 함께 이름이 실린 사람들에게 편지를 쓰는 것으로 조사를 시작했다. 영국의 알피니스트이자 저널리스트이고 『마운틴Mountain』지의 창립자인 켄 윌슨Ken Wilson이 나를 격려하면서 몇몇 사람들의 주소를 알려주었다. 그리고 나는 샤모니로 가서 지역 신문들을 뒤지고 헤밍과 알고 지냈을 만한 사람들을 찾아 이야기를 나누었다.

"미국으로 가보셔야 합니다." 조프로이가 말했다. "가서 그의 어머니와 학교 친구들을 만나보셔야 해요. 생일도 알아보고, 무엇을 공부했는지, 어디서 군대생활을 했는지 알아보세요. 덴버에 있는 공군사관학교의 장교 후보생이었다가 쫓겨났다고 했는데, 그것도 거짓말일 수도 있습니다. 그는 가끔씩 소소한 거짓말을 즐겼으니까요."

조프로이는 내게 옛날 주소 몇 군데를 알려주었지만, 대부분의 편지는 주소불명이나 이사를 이유로 반송되었다. 그래서 나는 난생처음 미국으로 갔고, 여러 도시에 흩어져 있어서 시간대도 서로 다른 헤밍의 몇몇 친구들과 대화를 나눴다. 그리고 새로운 주소를 몇 개 더 알아내서 그들에게 편지를 쓰고, 조프로이를 만나러 다시 유럽으로 돌아왔다. 내가 그동안 진척된 작업 상황을 말하자 그는 만족해하며 헤밍의 일기장 이야기를 꺼냈다. 헤밍은 마침내 미국으로 떠나기 전 자신의 모든 소지품이 들어있는 트렁크 하나를 그에게 맡기면서, 겉에 큼지막한 글씨로 쓴 메모를 하나 붙여 두었다. "어떤 사고가 일어나면 모두 소각할 것." 다행히 피에르 조프로이는 그의 말을 듣지 않았다.

"일기는 게리의 아들 소유라서, 그에게 읽어봐도 된다는 허락을 받아야 합니다."

그는 나에게 다른 주소도 몇 개 알려주었으나 모두 너무 오래된 것들이었다. 그런데 어느 날 클로드로부터 편지가 한 통 날아왔다. 그녀는 원칙적으로는 전기를 쓰는 것에 반대하지 않았으나 마음의 동요를 느끼고 있었다. "이제 우리 곁에 없는 한 사람의 인생은 더 이상 그 사람에 대한 것만이 아닙니다. 그의 삶에 관여했던 사람들과, 그보다 오래 살아남은 모든 사람들에 대한 겁니다. 전기 작가는 살아있는 사람들의 삶을 존중하고 신중해야 합니다." 하지만 전기 작가가 어떻게 신중함을 기약할 수 있겠는가? 전기는 어떤 섬세한 언어로도 감출 수 없는, 사생활 침해 그 자체이다. 정제된 전기를 쓰는 건 의미도 없을뿐더러 유용하지도 않고 흥미롭지도 못하다. 클로드가 요구한 신중함을 약속할 수는 없었지만 나의 좋은 의도와 진지함으로 그녀를 설득할 수 있었고, 그녀는 결국 내 뜻을 받아들여 주었다.

일기를 읽어봐도 된다는 헤밍 아들의 허락를 받고 피에르 조프로이를 다시 찾아갔지만, 그는 아직은 적절한 때가 아니라고 말했다.

"그의 어머니를 만나지 않았잖아요, 그리고 잭슨홀로 가서 게리의 죽음에 대해 어느 정도 정보를 얻어야 합니다."라고 그는 이유를 덧붙였다.

이미 몇몇 사람이 그날 밤 제니 호숫가에서 있었던 일을 말해주었고, 빌 브릭스로부터는 자세한 내용이 담긴 장문의 편지도 받았다. 찾아갔던 배리 코벳은 내게 몇 가지 매우 유용한 정보들을 알려주기도 했다. 나는 미국에 다시가고 싶은 마음이 전혀 없었지만, 피에르 조프로이는 집요했다.

"살았던 곳들과 죽었던 곳을 보지도 않고 어떻게 한

사람의 전기를 쓴단 말입니까?"

내가 포기할까 말까를 고민하던 바로 그때 배리 코벳으로부터 편지 한 통이 날아왔다. "당신을 만났을 때 미처 생각이 나지 않아 말하지 못한 게 있습니다. 기억을 더듬어보니 게리가 티톤으로 떠나기 전 덴버에서 내게 맡겨두었던 배낭이 하나 있어서, 그곳에 가서 찾았습니다. 그 안에 무엇이 있었는지 알고 싶으십니까?"

그리고 그는 편지에 내용물들을 자세히 나열했는데, 각종 편지들과 다양한 물건들 중에는 권총과 성경, 그리고 손수건 크기만 한 미국 국기가 있었다.

클로드가 헤밍 어머니의 새로운 주소를 알려주었고, 나는 미국으로 두 번째 여행을 떠났다.

그렇게 모든 조사를 끝내고서야 피에르 조프로이는 나에게 헤밍의 일기장들을 건네주었다. 지하실에 있던 트렁크를 처음 열었을 때 나는 깜짝 놀랐다. 40권 정도의 일기장이 있었는데 모두 번호가 붙어있었고, 모든 페이지는 깨알같은 글씨로 가득했다.

조프로이는 이렇게 말했다. "20권 정도가 사라졌습니다. 게리가 죽고 나서 일기장을 어떻게 해야 할지 결정하려고 세 명의 '미망인'을 모두 만났었는데, 마리는 자기 이야기가 많은 것들은 가져가서 돌려주려 하지 않았어요."

다른 사람의 일기를 읽는다는 건 극도로 당혹스러운 경험이었다. 내면의 깊은 감정을 끄집어내야 한다는 목적만 가지고 헤밍과 가까운 사람들을 인터뷰하는 것도 쉬운 일은 아니었다. 하지만 일기를 읽는다는 건 훨씬 더 지독했으며, 관음증 환자가 된 것 같았다. 그러나 꼭 필요한 일이기도 했다.

그제서야 나는, 조사를 끝내기 전에는 일기장을 건네주지 않으려 했던 피에르 조프로이가 얼마나 현명한 사람인지 깨달았다. 만약 내가 일기장을 미리 받았다면, 아마도 다른 식의 조사들을 계속할 필요는 느끼지 못한 채 헤밍의 불완전하고 단편적인 성격만 보았을지도 모른다. 일기를 통해 받은 헤밍의 이미지는 날 것 그대로의 그 자신이었으며, 그를 알고 지낸 사람들과의 대화를 통해 얻는 이미지와는 전혀 달랐다. 게다가 이 두 이미지는 매우 모순적이어서 그 둘을 동시에 받아들이기 매우 힘들었다. 마침내 사실과 평판 사이의 연결고리를 찾아내는 데 성공했을 때, 나는 이 모든 서로 다른 조각들이(어떤 조각들은 다른 조각들과 겹치기도 했고, 어떤 조각들은 버려야 할 것 같기도 했지만) 내가 원했던 하나의 퍼즐을 완성시키는 데 필요한 조각들이었다는 사실을 깨달았다. 결국 조각들을 다 맞춰 퍼즐을 완

성하고 보니, 그동안 불필요하다고 생각되거나 충돌되는
조각들 또한 모두, 진짜였다는 사실을 알 수 있었다.

게리 헤밍

CHAPTER FIFTEEN

60년대의 영웅

"그는 자질이 풍부했고 강렬한 매력도 있었습니다. 하지만 그 좋은 자질들로 무엇을 했나요? 그리고 자신이나 가까운 사람들을 위해 얼마나 좋게 썼나요?" 톰 프로스트가 씁쓸하게 물었다.

톰 프로스트는 신앙심이 깊은 사람이고 종교인은 자살을 혐오한다. 사랑하는 사람이 죽으면 당연히 고통스럽지만, 그 사람이 스스로 목숨을 끊은 걸 알게 되면 더더욱 견딜 수 없을 것이다.

헤밍을 높게 평가한 다른 종교인들은 그의 자살을 믿지 않았는데, 그 이유는 그가 그토록 완전히 부정적인 일을 저질렀다는 걸 받아들이고 싶지 않았기 때문이다. 대체로 그의 자살 소식은 연민보다는 거부감과 실망감을 불러일으켰다.

로열 로빈스는 미국의 한 잡지에 헤밍의 사망기사를 이렇게 썼다. "게리 헤밍의 죽음은 그가 활달한 사람이었기 때문에 특히 더 충격적이다. 자기 목숨뿐만 아니라 우리에게서도 뭔가를 앗아갔다는 데 대해 분노를 느끼는 사람도 있다. 친구들이 전혀 동정심을 느끼지 않고, 속았다며, 그가 떠났다며 화를 낸다는 것은 분명, 한 남자를 그만큼 크게 인정한다는 의미에 다름 아니다.*"

그는 과연 자신의 좋은 자질들로 무엇을 했을까? 자신이나 가까운 사람들을 위해 얼마나 좋게 썼을까? 헤밍이 사람들에게 불러일으킨 사랑과 대단한 존경에도 불구하고, 그의 삶의 이야기에서는 모범적인 성격은 전혀 찾아볼 수 없으며, 모순으로 가득 차 있고, 의도는 관대했으나 종종 이기적인 행동으로 이어지곤 했다. 예를 들면, 아들과 클로드와의 관계에서는 이타심이라고는 찾아볼 수가 없다. 그와 클

───*『마운틴』 지 6호(1999년 11월)에 로열 로빈스의 서명이 들어간 같은 사망기사가 실렸으나, 뒷부분이 약간 수정되었다. " … 분노를 느끼는 사람도 있다. 갈 데까지 간, 그와 같은 사람들의 활화산 같은 에너지는 주변 사람들의 삶을 윤택하게 만들고 의식을 확장시켜준다. 그처럼 외톨이고, 고독하고, 용기 있고, 독특한 산악인은 미국에서는 두 번 다시 나타나지 않을 것이다."

로드가 서로의 관계를 개방적으로 유지하는 데 동의한 건 사실이지만, 불가능하고 짧은 사랑을 좇아 언제나 도망치고, 가장 가까운 사람들조차 피상적으로 대하는 태도로 인해 헤밍은 전혀 모범적인 파트너가 되지 못했다. 하지만 헤밍은 자신의 아들을 좋아했다. 매달 양육비를 꼬박꼬박 보냈을 뿐만 아니라 아들을 자랑스러워했으며, 클로드에게 한 것처럼 자기만의 방식으로 아들을 사랑했다. 규칙은 반드시 지켜야 하는 것이긴 하지만, 별 볼 일 없는 일자리들을 전전하며 사는 게리 같은 사람으로서는 그렇게 돈을 보낸다는 게 쉬운 일은 아니다. 클로드의 문제는 그가 나타날 때마다 늘 그곳에서 그를 기다리고 있었다는 것이다. 만약 클로드가 그토록 헌신하지 않고, 헤밍으로 하여금 자신을 잃을지도 모른다고 믿게 만들었다면, 어쩌면 그는 그녀를 더 적극적으로 보살폈을지도 모른다. 헤밍이 모로코에 있을 때 그녀가 아파서 몇 주간 그에게 편지를 쓰지 못했던 적이 있었다. 안절부절못한 헤밍은 그레노블과 상베리에 있는 친구들에게 편지를 보내 그녀에게 가서 무슨 일이 있는지 알아봐달라고 부탁했다. 하지만 클로드는 자존심이 너무 강해 술수를 쓸 사람이 아니었고, 그런 생각조차 하지 못할 정도로 정직한 사람이었다. 게다가 그런 술수들은 먹히지도 않았을 것이다. 아마도 클로드는, 헤밍의 아이에 대한 엄마로서의 역할 때문에, 헤밍에게는 이상적 여성 (불가능한 사랑)이 될 수는 없었을 것이다. 그리고 만약 클로드가 헤밍의 감정을 교묘하게 이용하려 했다면, 배신감을 느낀 그는 분명 그녀를 증오하게 되었을 것이다.

하지만 불안감만으로 헤밍의 행동을 다 설명할 수는 없다. 그는 늘 얽매일지 모른다는 두려움에 사로잡혀 있었는데, 이것은 아마도 그의 어린 시절까지 거슬러 올라가야 할 것이다. 그는 남자는 없고 할머니와 어머니, 숙모, 누나만 있는 완전히 여성적인 환경에서 어린 시절을 보냈다. 어머니는 몇 년 후에 재혼했고 헤밍과 의붓아버지의 관계는 좋아 보였으나, 대략 그 시점에서 이후 사랑과 두려움이 공존하는 여성들과의 관계가 싹텄을 것이다.

아무리 그렇다고 해도 여성에 대한 두려움이나, 혹은 한 여자에게 헌신해야 한다는 두려움만으로 헤밍의 행동이 설명되지는 않으며, 시대적인 맥락을 감안해야만 그의 행동을 어느 정도 이해할 수 있을 것이다. 그는 버클리에서 있었던 학생 시위에 참가하지 않았으며(1956년과 1957년에 UC 버클리에 가긴 했으나 1960년 유럽으로 떠났다), 1968년 5월의 파리 학생 시위 때도 기회를 놓쳤다(그때는 프랑수아즈와 함께 스웨덴에 있었다). 하지만 헤밍은 진정한 1960년대의 아들이었으며 모든 사건에 열렬한 관심을 보였다.

뼛속까지 미국인이었던 헤밍은 일종의 종교적인 열정으로 미국 민주주의의 위대한 전통을 고수했다. 그는 제퍼슨의 독립선언이 다른 어떤 나라의 헌법보다 우수하다며 프랑스 친구들에게 일장연설을 늘어놓곤 했다. 또한 미국 헌법에 보장된 '행복추구권'은 모든 시대를 통틀어 가장 자유롭고 가장 인간적인 원칙이라고 주장했다. 그러나 헤밍은 미국 정치에 대해서는 인정하지 않았는데, 제국주의와 베트남전쟁에 관해서는 특히 더 비판적이었다. 그는 자신을 '세계 시민'이라고 선언했으나, 미국인이라는 사실을 자랑스러워했고 자신의 조국을 사랑했다. 어디를 가든 배낭 속에 미국 국기를 넣고 다녔다는 것만 보더라도 이는 분명한 듯하다.

당시에는 이런 자유주의 운동의 씨앗들이 미국에서 태동해 곧바로 유럽으로 퍼졌다. 헤밍이 프랑스로 간 건 이런 급진주의적 태도와 일치한다. 1968년에 정점을 이룬 반정부 시위들은 헤밍이 혐오했던 권위주의와 보수적인 관습, 관료주의적 제도를 겨냥한 것들이었다. 헤밍은 같은 시대에 그 속에서 살았으나 운동 그 자체에는 참여하지 않았다. 사실 그는 1960년대 특유의 패션 선구자였으며, 이것이 바로 드류 구조작업 이후 대중의 관심이 쏠렸을 때

인기를 더 많이 얻게 된 이유였다. 그의 외모는 긴 머리에 빨간 점퍼, 낡고 더러운 청바지와 땅까지 끌리는 스카프 등 당시 관심과 동정을 끌기에 안성맞춤이었다. 그는 저항을 상징하는 완벽한 이미지였으며, 알피니스트 겸 시인 겸 히피라는 명성은 그러한 이미지를 더욱 두드러지게 해주었다.

헤밍의 갑작스럽고 폭발적인 명성은 집단 이미지가 강했던 당시 시대배경을 대치해두고 보아야 설명이 가능하다. 1960년대 후반에는 두 개의 포스터가 전 세계에서 수백만 장씩 팔려나갔는데, 하나는 밀턴 글레이저Milton Glaser가 디자인한 밥 딜런Bob Dylan의 그 유명한 포스터였고, 다른 하나는 알베르토 코르다Albberto Korda가 찍은 체 게바라Che Guevara의 사진이었다. 마찬가지로 헤밍의 행동을 이해하기 위해서는, 공개적으로는 관료제(학교, 군대, 심지어는 의회까지)에 도전하고, 사적으로는 가족 생활과 커플 생활, 그리고 파트너 각자의 역할에 변화를 가져온 당시의 운동과 주장들을 살펴볼 필요가 있다.

모름지기 혁명은, 사회의 핵을 이루는 커플에 대항하지 않으면 안 된다. 프리드리히 엥겔스Friedrich Engels가 가족을 모든 제도적 권위주의의 기원이라 쓰기 이전부터 모든 세대의 혁명가들은 그런 주장을 했다. 그리고 '자유연애'는 사회에 대항하는 새로운 체제전복 운동에서 언제나 중요한 역할을 해왔다. 너무도 미국적이었던 혜밍은 공산주의 이론을 주장했던 두 주요 인물들 중 하나인 엥겔스는[*] 읽지 않았을 수 있겠지만, 라이히를[**] 읽었을 가능성은 아주 많다. 라이히의 작품들은 1960년대에 모든 주요 언어로 번역되었지만, 이미 게리는 가족이라는 제도를 거부하고 새로운 것을 실험하고 싶어했을 만큼 충분히 감각적으로 이해하고 있었다. 당시는 '공동체'와 '개방적 관계'의 시대였으며, 따라서 여성에 대한 혜밍의 행동은 이러한 맥락에서 살펴보아야 한다. 그의 행동을 정당화하기 위해서가 아니라, 어째서 혜밍을 진정한 60년대의 아들이라 할 수 있는지 알려면 말이다.

혜밍의 마약 실험 또한 같은 배경을 두고 조사해보아야 하는데, 그는 그런 것들을 순전히 실험적으로 사용했기 때문이다. 그 시절에는 혁명의 상징으로서 마리화나 같은 '약한' 마약들이 급속히 퍼져갔다. 원칙적으로 혜밍은 마약을

———[*] 프리드리히 엥겔스의 『가족과 사유재산 그리고 국가의 기원The origin of the family, of private property and of the State』(1884)
　　[**] 빌헬름 라이히Wilhelm Reich의 『성혁명The sexual revolution』(1936)

온전히 혐오했으며, 그가 매력을 느꼈던 것은 이런 약한 마약들이 대변하는 변화의 물결이었다. 직접 실험을 해보니 마리화나는 별로였고 메스칼린은 대단히 흥미로웠는데, 이는 현기증이나 황홀감보다는 정신이 고양되는 느낌을 주었기 때문이다. 그는 주로 마약을, 인생의 방향과 목표를 알기 위해 몸부림칠 때 탈출할 수 있게 해주고, 명료한 정신 상태에 이르도록 도움을 주는 하나의 도구로 생각했다. 메스칼린에 푹 빠진 헤밍은 심지어 자신이 사랑하는 여성들과도 그 경험을 나누고 싶어 했다. 미국에서 그는 '메스칼린과의 여행'을 어떻게 하는지에 대한 설명서가 동봉된 편지를 클로드와 마리에게 보냈다. 가끔씩 지나치긴 해도 원칙을 고수하고 상식의 가치를 믿는 클로드는 이런 마약 실험을 거부하며 헤밍을 질책했다. 이 때문에 헤밍은 (그의 입장에서) 분노가 치솟았으며, 편지로 그녀와 수없이 다투었다. 마리는 이 마약을 시도해보았으나 허약한 체질이 실험을 받아들이지 못해 심하게 앓곤 했다. 그리하여 그녀로서는 다행스럽게도 환각에 빠지는 경험을 자주 하지는 못했다.

하지만 헤밍이 환각을 이용해 실험하고자 했던 그 연구 정신은 짚고 넘어갈 필요가 있다. 그 당시의 일기장을 보면 메스칼린이나 LSD에 취한 상태에서 쓴 시와 짧은 문장이 가득하다. 그런 글들은 의미없고 혼란스런 조각들이고 읽기조차 힘든 경우들도 많았다. 그리고 그의 실험들은 환각상태에서 깨달았다고 생각됐던 진실이 현실세계와 부딪쳐 무너지면서 좌절의 원인이 되는 경우가 많았다.

헤밍은 마약에 중독되지 않았다. 그는 완전히 고양된 상태의 정신과, 환각 속에서 자신이 깨닫는 것이 모두 환상에 불과하다는 걸 알고 있었다. 헤밍에게 마약은 하나의 습관이 아니라 목표에 도달하고 눈앞의 현실을 초월하도록 돕는, 마치 산과 모험처럼, 순수한 경험과 연구를 위한 하나의 도구에 지나지 않았다.

그의 죽음을 둘러싸고 유럽의 알피니스트들 사이에 떠돌던 소문들 중에는 마약 과용에 관한 것들도 있었다. 그 당시 마약은 미국에서의 새로운 사상과 급진적 운동, 그리고 등반*, 혁명, 버클리 및 우드스톡 등과 모두 자연스럽게 연결돼 있었으며, 따라서 그 소문의 진원지가 어디인지와는 관계없이 바로 받아들여졌다. 어떤 것들보다도 가장 간단

——* 1960년대 말과 1970년대 초에 요세미티에서는 향정신성 물질을 빗대 루트 이름을 짓는 것이 유행이었다. 그 대표적인 예로는 '환각의 벽Sychedelic Wall', '환각 버섯Magic Mushroom', '메스칼리토Mescalito', '약쟁이의 고속도로 Stone's Highway', '무료 마리화나용 물 담뱃대Free Bong', '배드 애시드Bad Acid' 등이 있다. 〈역주〉

한 설명이었고, 60년대 영웅의 죽음과 너무도 완벽하게 어울리는 이야기였다.

CHAPTER SIXTEEN

죽음의 전조

헤밍이 마약을 통해 얻은 환각은 그를 죽음으로 이끈 여러 사건에서 중요한 역할을 한다. 그가 마침내 도달했다고 믿은 '의식의 고양상태'는 자신의 성격과 타인과의 관계를 깊이 돌아볼 수 있게 해주었다. 메스칼린과의 첫 '여행' 이후 그의 일기와 편지에는 아이디어와 예측, 그리고 죽음에 대한 생각들이 등장한다. 그리고 같은 시기에 그의 책임감도 점점 더 강해져갔다. 타인에 대한 자신의 책임을 묻는 추상적 담론은 종종 그의 양심을 시험하는 데까지 이어지곤 했다. 그리고 드디어 클로드와 아들에 대한 자신의 책임을 거듭 살펴보고 마리에 대한 의무감까지 생길 지경이 되었다. 그녀의 장기 부재는 그녀에 대한 헤밍의 사랑을 숭고

한 어떤 것으로 발전시켰다. 그는 그녀를 아내, 신비의 아내라 불렀으며, 더 이상 자기에게 오리라 기대하진 않았지만, 그녀를 '해로운' 가정환경에서 '구하고' '독립성을 발견하고 개성을 펼칠 수 있도록' 도와주기로 결심했다.

이즈음 헤밍은 종종 어린 시절을 떠올리며 어머니를 그리워하기 시작했는데, 그때까지만 해도 어머니와 가끔 주고받는 연락에 만족하고 있었다. 그의 어머니와 의붓아버지는 2년 전쯤 하와이로 이주했다. 그들은 성숙하긴 했지만 본인들의 의지와 관계없이 미국의 개척자 정신이 피에 흐르고 있었다. 그래서 미국 정부가 하와이에서 경작할 용의가 있는 사람들에게 토지를 제공한다고 하자 그들은 일말의 망설임도 없이 이를 받아들였다. 그들이 이주한 토지는 습한 숲 지대에 있어서 결코 달갑지 않았으며, 게다가 근육질의 남자가 꽃 장식을 한 아름다운 소녀를 포옹하는 영화 같은 장면과는 거리가 멀었다. 카르멘의 남편이 그곳으로 먼저 갔고, 곧 그녀가 뒤따랐다. 유럽으로 돌아오기 전 헤밍은 하와이로 가서 얼마간 부모와 함께 지냈는데, 결국 이때가 어머니를 본 마지막이 되었다.

하와이는 카르멘이 일생동안 옮겨 다녔던 여러 곳들 중 하나였다. 그녀의 가족은 워싱턴주에서 오하오로, 다시 오하이오에서 캘리포니아로 이주했으며, 이외에도 가족의 역사에는 수많은 이주들이 있었다. 태평양 연안 북서쪽에 있는 워싱턴주는 마지막으로 식민화된 주였다. 카르멘의 조부와 증조부는 아마도 말이 끄는 사륜마차를 타고 중서부의 대평원과 로키산맥을 가로질러 그곳에 도착했을 것이다.

끊임없이 옮겨 다니며 육체적·정신적으로 열린 공간을 찾아 헤맸던 헤밍을 이해하려면 필히 이런 가족사를 고려해야 한다. 그의 가족사에는 또한 대니 삼촌과 잭 런던의 이야기도 있는데, 그 또한 헤밍처럼 스스로 목숨을 끊은 캘리포니아 불안증 환자였다.

이주와 방랑은 미국의 강한 전통으로 고전 문학에서 널리 다뤄지는 주제다. 그런 문학에 심취했던 헤밍은 독서를 통해 다양한 사고와 행동 모델들을 섭렵하곤 했다. 잭런던 말고도 그가 좋아했던 미국 작가로는 마크 트웨인, 멜빌, 소로우, 존 뮤어, 업튼 싱클레어, 스타인벡과 헤밍웨이, 그리고 훗날 푹 빠지게 된 되는 헨리 밀러가 있었다. 이런 사람들은 모두 여행, 모험, 계절에 따라 옮겨다니는 방랑자에 대해 쓴 작가들이었다. (특이하게도 헤밍은 『길 위에서On the Road』에 나오는 딘 모리아티Dean Moriarty를 닮았음에도 저자인 잭 케

───* 미국 반체제 문학의 고전이 된 작품 〈역주〉

루악Jack Kerouak은 좋아하지 않았다.) 헤밍은 자신이 미국 언더그라운드 문화와 연결되어 있다고 생각하지 않았으며, 스스로를 비트족이나 힙스터로 여기지도 않았다. 그는 자신이 개인적인 항거나 실존을 연구하는 한 형태로서 길 위를 혼자 여행해왔다고 믿었다. 그리고 대도시의 비트족들보다는 우디 거스리Woody Guthrie의 노래 「바운드 포 글로리Bound for Glory」처럼 춤추는 집시들에게 더욱 친밀감을 느꼈다.

✳

헤밍은 잭슨홀에서 카우보이에게 당한 폭행으로 한 달 동안 병원 신세를 지게 되었으며, 여기에 드는 많은 비용을 대부분 친구들에게 빌려야 했다. (훗날 이 돈은 모두 갚았다. 헤밍은 돈을 빌리는 것에 매우 민감해서 이전 빚을 갚기 위해 돈을 더 빌리기도 했다.) 그리하여 그는 이제 마지막으로 미국을 떠나기로 결심했다. 그리고 한참 동안을 서성대며 일종의 긴 작별 순례처럼 친구와 친척, 그리고 가장 사랑했던 장소들을 모두 방문했다.

캘리포니아에 사는 친척들의 삶은 실망스러웠으며, 평화롭고 정형화된 중산층의 삶에서 오는 지루함 때문에 그 어느 때보다도 훨씬 더 큰 소외감을 느꼈다. 겉보기는 괜찮아 보여도 지적 자극이 너무도 부족했다. 하지만 친구들을 방문하는 일은 매우 즐거웠다. 그는 두 달여 동안을 이본 쉬나드의 집에 머물며 대장간에서 등반용 피톤을 만드는 일을 도왔다. 몸 쓰는 일을 좋아했던 헤밍은 쉬나드와 함께 벤투라에서 평화로운 시간을 보낼 수 있었으며, 그의 회사에 특히 더 고마움을 느꼈다. 한동안 산에 대한 이야기를 잊고 지냈으나 쉬나드와의 대화에서는 자주 나오는 주제였다. 그들은 다양한 등반을 계획했고 헤밍은 다시 캘리포니아 자유등반에 대한 책을 완성한다는 자신의 프로젝트에 매달렸는데, 이 책은 프랑스로 돌아가기 전 끝낼 예정이었다. 심지어 그는 톰 프로스트, 에드 쿠퍼 Ed Cooper, 해리 데일리Harry Daley 같은 산악 사진가들부터 책에 쓰일 사진을 받기도 했다. 그는 병원에 있는 동안 늘어난 빚을 갚을 돈을 모으기 위해 이본 쉬나드의 회사에서 일을 했으며, 그 돈을 다 모으는 데는 시간이 좀 걸렸다. 또한 자신이 죽어도 아들 로랑의 미래가 보장될 수 있도록 생명보험을 들기 위해서라도 돈을 벌어야 했다.

그는 마리도 걱정되었다. 내가 죽으면 어떻게 될까? 부모로부터는 결코 자유롭지 못할 것 같았고, 그래서 그들의 희생양으로, 또 소유물로 남을 것만 같았다. 그래서 그는 그녀를 보험의 공동 수혜자로 하는 것을 진지하게 고려해보기도 했다.

그뿐만이 아니어서, 당시에는 마리아 엘레나Maria Elena도 있었다…. 겨울에, 여전히 목발을 짚고 다니고 턱이 아픈 상황에서도 헤밍은 몇 주간 멕시코의 바하캘리포니아를 다녀왔다. 이 여행은 그의 부상 회복을 위한 것이었지만, 무엇보다도 친숙하고 사랑받는 땅에 대한 향수 어린 작별 인사였다. 빌라 콘스티투시온Villa Constitución에서 헤밍은 전체가 어린 아이들로 이루어진 한 부족에서 마리와 꼭 빼닮았다고 생각되는 다섯 살 난 아이를 보게 되었다. 사실 마리아 엘레나는 헤밍이 샤모니에서 처음 만났을 때의 마리처럼 아주 작고, 가냘프고, 겁에 질린 표정까지 그대로였다. 아이의 어둡고 매끄러운 앞머리가 크고 검은 눈까지 내려와 있어 둘은 더욱 비슷해보였다.

헤밍은 엘레나의 사진을 수도 없이 찍은 다음 아이의 어머니와도 오랫동안 대화를 나누었다. 그러고는 아이가 영적으로나 정신적으로나 자질이 뛰어나며, 따라서 잘 자라고 공부할 수 있도록 돕는 것이 자신의 의무라고 생각하게 되었다. 그리고 결국 아이를 입양해 마리와 함께 교육시키자는 환상에 빠졌다. 클로드라는 최고의 선생을 둔 친아들을 염려하는 대신 마리아 엘레나의 미래를 열어주는

계리 헤밍

게 더 중요하다고 생각된 그는, 아이를 돌봐주겠다고 약속하라며 마리를 설득했다. 그러나 그 후 유럽으로 돌아가면서 결심은 흔들렸고, 결국 그 아이에 대한 집착을 떨치게 되었다.

프랑스로 돌아가기 전, 헤밍은 영국을 여행하며 레이크 디스트릭트의 도로공사 현장에서 몇 달을 보냈는데, 야외에서 땀 흘리고 돈도 많이 받는 이런 일은 그가 좋아하기도 하고 필요로 하는 일이기도 했다. 프랑스에서는 파리에 들러 오랫동안 머물며 친구들의 집에서 자거나, 어떤 때는 센강의 다리 밑에서 밤을 보내기도 했다. 그는 다양한 계절 일거리들을 찾아 자리를 비우곤 했다. 겨울이면 샤보이의 샤모니 등지에서 눈을 치우며 돈을 벌 수 있었고, 여름이 되면 농장에서 수작업이나 노동 일도 쉽게 구할 수 있었다.

그러면서 그는 여전히 친구들과 함께, 또는 혼자서 더 자주 산으로 갔다. 그는 눈과 얼음에 대한 두려움을 극복했으며, 비록 매일같이 죽음을 생각하긴 했어도 그 두려움까지도 극복했다. "내겐 이미 두려움이란 감정이 거의 없다. 죽음은 더 이상 나에게 진정한 공포를 주지 못한다. 샤모니에 가서 몇 군데만 등반을 해보아도 이게 진짠지 아닌지 금방 알 수 있을 거고, 내가 진짜 죽음의 두려움을 넘어섰는지 직접 확인해볼 것이다."

단독등반에 대한 두려움을 넘어 죽음에 대한 두려움을 극복했다는 성취감은 얼마나 더 좋았을까? 두려움을 몰아내고 자신의 생명을 끊고자 하는 욕망을 키울 수 있는 충격적이고 독특한 기회가 아니었을까? "거대한 산에서의 단독등반, 극도로 힘들고 위험한 … 하지만 나는 부츠를 신고 피켈을 들고 저너머로 떠난다. 날씨는 좋고, 나를 멈춰세울 사람은 아무도 없다. … 충분히 쉬운 루트를 고르면 성공할 가능성도 있을 것이다. 여기서는 기분에 따라 탄창에 한 발에서 여섯 발까지 총알을 집어넣고 러시안룰렛을 할 수도 있겠지."

이 무렵 그의 일기에는 자살에 대한 생각들이 점점 더 자주 등장하며, 이런 생각에 대한 열정도 더욱 깊어진다. 어떤 일기에서는 "심미적인 죽음, 이것이야말로 망가진 삶을 보상해줄 수 있는 유일한 것"이라는 글귀도 나온다.

샤모니에서 마지막으로 보낸 몇 해 여름 동안 헤밍은 로타 마우흐와 함께 등반했다. 그들의 조합은 이상해보였는데, 패션 잡지의 남성 모델로 활동한 마우흐와 너덜너덜한 옷을 입고 다니는 헤밍이 한 팀으로 다녔기 때문이다. 하지만 마우흐는 헤밍과 함께 등반할 때면 그의 모습을 따라 하려고 노력했다. 마우흐는 좋은 동료였다. 헤밍보다 어린 그는 곧 헤밍의 개성에 매료되었다. 그는 헤밍의 모든 선택을 따랐고, 그 중에는 그들이 한 등반에 대해 누설하지 않는다는 것도 포함돼 있었다. 그는 또한, 1966년의 유명한 두 등반(쿨르와르 쿠튀리에Couloir Couturier와 트리올레Triolet 북벽)을 빼고는 전혀 알려져 있지 않은 단독등반들을 하러 헤밍이 며칠씩 사라지는 것도 그대로 받아들였다. 헤밍은 점점 더 안절부절못하게 되었고, 점점 더 고독해져갔다.

이따금씩 헤밍은 칼랑크로 가서 마음의 평화를 찾기도 했다. 그는 마르세유 해안에서 조금 떨어진, 석회암 기둥들이 뾰족뾰족 숫아오른 작은 무인도인 리우Riou 섬으로 낚싯배를 타고 갔다. 그는 어부의 딸에게 줄 작은 선물과 우유와 마른과일을 배낭에 넣고 파리에서 히치하이킹을 하곤 했다. 그리고 섬에 도착해서는 바다에서 10미터 정도 위에 있는 동굴에 캠프를 쳤다. 그 섬은 그때도 그렇고 지금도 사람이 살지 않는 곳이며, 국방성 소유로 출입이 금지된 곳이었다. 그러나 딱 한 사람이 그곳에 살고 있었는데, 사람들이 오늘날까지도 장 트루드Jean Troude 혹은 장 드 리우Jean de Riou라고 부르는 사람이 바로 그였다. 그는 인도차이나전쟁의 퇴역 군인으로 마르세유의 일상생

활로 돌아가는 데 애를 먹고 있던 사람이었다. 도시에서의 삶을 결코 좋아할 수 없었던 그는 오로지 아무도 살지 않는 섬에서만 행복할 수 있었다. 그는 그곳에서 거주할 수 있는 일종의 공식적인 허가를 받아서 작은 피난처를 하나 마련하여 거처로 삼고 있었다. 그리고 스스로 그 섬의 수호자를 자처했다. 섬과 고독을 혼자 소유하고 싶었겠지만 그는 헤밍을 받아들였으며, 결국 두 사람은 우정을 쌓게 되었다. 그들은 긴긴 저녁을 함께 많이 보냈으며, 거의 대화가 없었음에도 서로를 완벽히 이해한다고 느꼈다. 오늘날까지도 만약 헤밍에 대해 그에게 말한다면, 그는 아마도 눈물을 뚝뚝 떨어뜨릴 것이다. 그리고 헤밍의 친구라면 누구든 환영한다면서 정성을 다해 대접할 것이다.

장 드 리우는 헤밍이 혼자, 로프도 없이, 섬의 침봉들을 오르며 나날을 보냈다고 말했다. 커다란 탑들의 벽은 레뷔파Rebuffa 등 마르세유 출신의 다른 등반가들이 길을 열었지만, 이 기간 동안 헤밍은 아무도 모르는 새 루트들을 개척했을 가능성이 매우 높다.

몇 해 전이라면 헤밍은 등반을 꼼꼼히 준비하면서 유명한 파트너들과 함께 그 목적을 달성했을 것이다. 이 모든 건 '위대한 알피니스트가 되려는' 헤밍의 계획 중 일부였다. 하지만 인생에서 이러한 변화가 생기면서, 헤밍은 등

게리 헤밍

반이 이제 자신에게 어떤 역할을 하는지 파악하기가 매우 힘들어졌다. 등반은 여전히 그가 계속 반복해야 한다고 느꼈던 일종의 통과의례였을까, 아니면 그는 단순히 러시안 룰렛을 하고 있었던 걸까?

CHAPTER SEVENTEEN

제가 알피니스트라구요?

헤밍이 알리지 않고 등정을 했다거나 루트를 개척했을 거라고 믿기 힘들다는 사람들이 많은데, 이는 단지 보통 사람들이 하지 않는 행동이었기 때문이다. 등반의 세계에서, 등정과 자기 이름을 연결짓고 싶어하는 것은 강렬한 유혹이며, 때로는 그 어떤 동기보다도 더 강력하다. 그리고 헤밍은 새 루트를 오르고 싶어했고, 그건 그의 업적이 알려지길 원해서였다. 그는 위대한 알피니스트가 되기를 꿈꿔왔으나, 갑자기 어느 순간부터 이것이 더 이상 중요하지 않게 되면서 그의 등반은 완전히 변했다. 드류 구조작업 이후 그는 자신을 알피니스트라고 언급하는 기자들에게 종종 이렇게 대답하곤 했다. "제가 알피니스트라구요? 전 모

계리 헤밍

험가입니다." 그는 '모험을 추구한' 발터 보나티를 가장 존경한다며, 여기서 모험이란 모든 측면과 모든 방향에서의 연구를 의미한다고 강조했다.

하지만 그를 기억하는 사람들에게 게리 헤밍은 알피니스트였다. 어떤 이들에게는 논란의 여지가 있고, 또 다른 이들은 과대평가하기도 했지만, 어쨌거나 그가 알피니스트였다는 것은 분명한 사실이다. 그는 미국에서는 크게 존경받지 못했는데, 1950년대 말 요세미티에서 대단한 등정들이 이뤄지던 때 그는 그곳에 없었고, 어떤 유명한 루트도 그의 이름과는 연관이 없었기 때문이다. 알프스에서의 업적은 고국에 별로 알려지지 않았으며, 알프스를 찾지 않았던 미국의 등반가들은 그를 별로 주목할 만한 등반가라고 생각하지 않았다. 초기에 그가 등반과 관련해 몇 가지 약점들로 힘들어했다는 사실을 인정해야 한다. 눈과 얼음에 대한 두려움은 말할 것도 없고, 젖은 바위를 오르는 것도 두려워했다. 그가 이런 두려움들을 극복한 건 알프스에서 많은 시즌을 보내고 난 다음이었다. 스스로 인정하듯 존 할린과 함께 눈 덮인 바위에서 대부분의 등반을 하는 동안, 정상에 안전하게 도달하는 데만 몰두한 나머지 실제 등반을 즐기지 못한 경우가 많았다. 물론 그 후에는 빙벽과 혼합 지형을 홀로 등반할 정도까지 자신감이 생겼지만, 요세미티에서 그와 함께 가벼운 등반들만 경험했던 스티브 로퍼 같은 미국 등반가들이 그를 위대한 등반가라고 생각하지 않았던 건 어찌보면 당연한 일이다.

스털링 닐과 찰스 플러머는 멕시코의 오리사바에서 헤밍과 함께 등반했을 때 비교적 쉬운 설사면에서도 몹시 투덜대며 힘들어하던 그의 모습을 기억하고 있다. 하지만 그날 컨디션이 좋은 사람은 아무도 없었다. 그들은 모두 심한 두통에 시달렸으며, 브릭스와 더너건은 정상에 오르지도 못했다. 닐과 플러머는 훗날 알프스에서 해낸 헤밍의 등정 소식들을 듣고 놀라움을 감추지 못했다.

티톤의 다른 친구들은 그가 잘하긴 했어도 특출난 등반가는 아니었던 것으로 기억하고 있다. 배리 코벳은 헤밍이 티톤에 처음 나타났을 때를 기억하고 있다. 모두가 그에게 깊은 인상을 받았고 그를 슈퍼맨 같은 사람이라고 믿었는데, 그 주된 이유는 그가 요세미티 '건크스' 등지의 모든 유명 인사들을 다 알고 있었기 때문이다. 하지만 이후 요세미티와 건크스의 유명 등반가들이 헤밍을 거의 알지 못하는 데다 그들의 일원으로 여기지도 않는다는 사실을 알게 되었다. 헤밍은 티톤의 모든 가이드들이 그랬듯 분명히 좋은 등반가였지만, 그 이상은 아니었다. 그러나 티톤

게리 헤밍

가이드의 '대장'이라고 할 수 있는 글렌 엑섬은 헤밍이 훌륭한 알피니스트이자 뛰어난 가이드였던 걸로 기억하고 있다.

딕 롱이나 제리 갤워스 같은 초창기 등반 친구들은 헤밍에 대해 재능이 있고, 무엇보다도 믿을 수 있는 사람이라고 이야기한다. 롱은 나에게 이렇게 말했다. "산에서 어떤 문제가 생기더라도 헤밍은 항상 잘 대처할 수 있을 것으로 생각했습니다." 타퀴즈의 조슈아트리에서 등반도 함께 하고 알프스에서도 만난 적이 있는 레이튼 코어Layton Kor 또한 그가 뛰어난 등반가이며 훌륭한 알피니스트라고 믿고 있다.

톰 프로스트의 기억에 따르면, 헤밍의 등반 능력은 기분에 따라 달라졌다. 하루는 세계 최고의 등반가였다가 다음 날은 최악의 등반가가 되기도 했다. 하지만 프로스트와 함께 했던 푸에서 헤밍은 뛰어난 등반을 해냈다. 그는 몇 피치를 선등으로 나섰는데 두려움이나 불안한 기색은 전혀 보이지 않았다. 캘리포니아 자유등반에 관한 헤밍의 책에 쓸 사진을 찍을 목적으로 함께 갔던 조슈아트리에서는, 마치 등반을 잘 못하거나 매우 겸손한 것처럼 사진에 등장하지 않으려 했다. "그는 다른 사람들이 따르도록 이끄는 타고난 능력이 있습니다."

"그는 상상력이 풍부했습니다." 로열 로빈스는 드류 '아메리칸 다이렉트'에서의 헤밍을 이렇게 기억한다. "마음에 품은 루트를 등반하러 갈 때 언제나 적임자를 찾았습니다." 로빈스에 따르면, 헤밍은 뛰어난 동료이자 아주 훌륭한 등반가였다.

심지어 르네 드메종도 헤밍의 기발하고 직관적인 아이디어와 알피니스트로서의 뛰어난 자질에 경의를 표했다. 유럽에서 헤밍은 전반적으로 존경을 받았다. 그는 그들의 안전기술이 지나치게 추상적이고 등반기술이 너무나 '초보적'이라며 프랑스 친구들과 자주 토론을 벌이곤 했다. (프랑스 친구들은, 세련된 동작에 지나치게 집착하고, 안전에 치우친 나머지 때로는 속도를 떨어뜨린다며 자신들의 입장에서 그를 비판했다.)

하지만 이런 비판에도 불구하고 그는 매우 인기 있는 사람이었다. 일종의 국민 영웅이 되면서 프랑스인들이 그를 객관적으로 평가할 수 없게 되었다는 건 그리 놀라운 일이 아니며, 사망 후 헤밍은 알프스의 다른 국가들에서도 전설이 되었다.

헤밍은 영국에도 친구들이 많았다. 그는 자신의 이론에 맞는 방식으로 등반을 한다는 이유로 영국 등반가들을 좋아

게리 헤밍

했다. 영국을 방문할 때마다 그는 시간을 내어 북쪽의 레이크 디스트릭트나 스코틀랜드까지 가서 등반을 하곤 했다. 안타깝게도, 그를 가장 잘 아는 스튜어트 풀턴과 믹 버크는 등반가와 친구로서의 헤밍에 대해 말해줄 수가 없었다. 버크는 에베레스트 정상 부근에서 실종되었고, 전기기술자였던 풀턴은 작업 도중 감전으로 사망했기 때문이다. 돈 윌런스는 헤밍에 대해 숙련되고 완전히 대담한 등반가였다고 말하는 한편, 크리스 보닝턴과 존 클리어John Cleare 같은 사람들은 그가 오른 전설적인 지위로 인해 알피니스트로서 헤밍의 능력이 어느 정도 과장되었다고 생각한다. 하지만 이들은 헤밍과 등반을 한 경험이 있었던 건 아니고 할린과 함께 본 적이 있었을 뿐이다. 할린의 그림자에 가린 사람이면 누구든 빛을 발휘하기 힘들었을 것이다. 켄 윌슨은 특히 헤밍의 등반장비에 대한 기술적 연구를 기억하고 있으며, 데니스 그레이Dennis Gray는 헤밍이 등반에 대한 토론보다는 오염과 같이 지구의 생존을 위협하는 문제를 얘기할 때 더 큰 관심을 보였다는 데 매우 깊은 인상을 받았다. 이런 주제들은 지금은 일반적이지만 1960년대에는 전혀 알려지지 않은 것들이었다.

알피니스트로서 게리 헤밍의 능력에 대해 이렇듯 상반된

의견들이 아주 많다는 사실은 어찌보면 당연한 일이다. 그의 급격한 성질 변화는 정도가 심할 때가 너무 많아서 등반 능력에도 분명 영향을 끼쳤을 것이기 때문이다. 하지만 하나의 전설이 되기 위해서는, 한 분야에서 탁월한 것 그 이상을 해야만 한다

잘 알지 못하고 듣기만 한 사람들에게 헤밍은 드류의 '아메리칸 다이렉트'와 푸 남서벽을 개척한 등반가였겠지만, 무엇보다도 그는 (안전을 위해 너트와 슬링을 사용하고, 사용 후의 피톤은 빼내는) '친환경적' 등반 개념을 알프스에 소개한 캘리포니아인이었다.

그리하여 혁신가로서의 역할을 중심으로 게리 헤밍이라는 전설이 만들어졌으며, 이 전설은 1960년대의 아이콘이라는 이미지와, 대중의 상상력을 사로잡았던 사건들(드류 구조작업과 낭만적 죽음)로 더욱 부각되었다.

알피니스트로서 게리 헤밍에 대해 어떻게 생각하는지 존 할린의 말을 들어볼 수 있다면 좋았을 것이다. 헤밍과 함께 자주 등반하고 굵직한 프로젝트를 많이 했던 사람으로서, 그라면 헤밍의 능력을 정확히 알고 있었을테니까. 어느 시점에서 헤밍은 할린과 등반은 그만두었으나, 할린이 최고의 실력자들로 강사진을 꾸려 만든 저 유명한 국제등산학교ISMM(International School of Modern Mountaineering)가 있는

레장으로 그를 계속 찾아갔다. 사실 헤밍이 그와의 등반을 그만둔 이유는, 산을 '공격적'으로 대하고 자신의 초등을 언론에 과도하게 노출하는 그의 방식을 받아들일 수 없어서였다. 할린은 새로운 등반 동료들을 쉽게 구할 수 있었지만, 두 사람이 환상적인 등반 팀이었다는 것은 부인할 수 없는 사실이다.

존 할린으로 말하자면, 그와 등반을 함께했던 사람들 모두, 그가 다른 사람들보다 한 수 위였고 모두를 통틀어 최고였다는 데 이견이 없다.

게리 헤밍(사진: 켄 윌슨)

CHAPTER EIGHTEEN

존 할린

헤밍은 존 할린의 죽음에 커다란 충격을 받았다. 함께 등
반하는 걸 그만둔 이후 경쟁의식이 모두 사라지자 둘 사이
에는 오랜 세월에 걸쳐 끈끈한 우정이 형성되었다. 할린은
헤밍이 유럽에서 알고 지내는 유일한 옛 친구였고, 과거를
함께한 유일한 사람이었다. 할린이 레장으로 거처를 옮긴
이후 헤밍은 클로드와 로랑을 데리고 그곳을 자주 찾았다.
그리고 가끔 헤밍이 멀리 있을 때는 클로드가 로랑만 데리
고 그곳으로 가서 마라와 그 집 아이들과 함께 며칠을 보
내기도 했기 때문에, 두 여인 간에도 깊은 우정이 쌓였다.
둘 다 지적이었고, 교육 수준이 높았으며, 각자의 일을 좋
아했다. (마라는 생물학자로 레장에 있는 아메리칸스쿨에서 학생들

게리 헤밍

을 가르쳤다.) 게다가 두 사람 모두, 아버지가 엉뚱한 생각을 갖고 있는 아이들의 어머니라는 힘든 역할을 해야만 했다. 할린의 머릿속을 지배하고 있던 생각은 아이거였다.

몇 번의 시도 끝에 콘래드 키르흐와 함께 가까스로 등반에 성공하긴 했지만, 아이거 북벽은 할린에게 여전히 가장 매력적인 곳이었다. 할린의 기질을 고려하면 이건 충분히 이해할 만하다. 그는 가장 힘든 곳을 도전하는 데만 흥미를 느꼈는데, 그 당시 가장 위험하고 가장 어려운 대표적인 곳이 바로 아이거였기 때문에 아이거에서의 모든 시도는 할린에게 있어 극도의 대담함을 실현하는 행위에 다름 아니었다. 간단히 말해 아이거 북벽은 할린에게 등반의 이상향이었다.

게다가 할린은 당시 몇 년 동안 독일인들이 도입한 새로운 접근법에 매료돼 있었는데, 알프스에서 극한 등반을 추구하는 사람들에게 즉각적인 환영을 받은 이 방법은 갈라진 곳이나 튀어나온 곳 같이 바위의 '취약한 곳'을 따라 올라가는 논리적 루트와 상관없이 '물방울이 떨어지는' 수직의 선을 따라 올라가는 디레티시마 등반이었다.

아이거 북벽에서 고전이 된 '헤크마이어 루트'를 오른 후 즉시 디레티시마 루트를 생각하기 시작한 할린은 1963년 정찰을 실시했고, 이 새로운 루트를 겨울에 시도하고자

2월에 북벽으로 다시 돌아왔다. (토니 히벨러Toni Hiebeler가 이끄는 독일 팀이 1961년 겨울 헤크마이어 루트를 이미 올랐기 때문에 할린의 등반은 두 번째가 된 셈이다.) 할린의 동계등반 시도는 악천후로 인하여 실패했다. 할린은 네 명의 이탈리아인(이전 등정 때 만난 피우시Piussi와 소르가토Sorgato, 그리고 보우나페데Bounafede와 메네거스Menegus)과 두 명의 프랑스인(르네 드메종, 베르트랑Bertrand)과 함께 이번에는 여름에 다시 한번 시도했다. 그들은 벽에서 네 번 비박을 하고 할린이 이전에 오른 최고점을 돌파하는 데 성공했으나, 또다시 악천후로 인해 후퇴하고 말았다.

계곡을 꽉 채우고 있는 아이거 북벽은 바위와 얼음으로 된 2,000미터 높이의 벽에 몰려드는 갑작스럽고 잔인한 폭풍설로 악명이 높다. 그리고 이런 폭풍설과 함께 내리는 우박과 눈은 어떤 형태의 전진도 불가능하게 만든다. 이 잔인한 벽에서 일어난 모든 비극은 악천후에 의한 것이었으며, 모든 실패한 시도들은 갑작스러운 기상 변화 때문이었다.

할린은 겨울에 '가장 직선적인' 루트를 뚫을 수 있는 가능성을 모색하기 시작했다. 겨울에는 비록 해가 짧기는 해도 기상 변화가 심하지 않기 때문이다. 물론 추위는 엄청날 것이다. 추위 자체가 문제이긴 하지만, 이 벽에 도전

게리 헤밍

하는 모두가 두려워하는 끔찍한 낙석과 눈사태를 일으키는 눈은, 영하의 겨울 날씨로 오히려 더 안전할 수 있다.

할린은 1963년에 헤크마이어 루트로 북벽을 오른 경험이 있는 스코틀랜드 산악인 두걸 해스턴Dougal Haston을 만나 자신의 프로젝트에 합류시켰다. 그리고 1964년 겨울, 그들은 북벽 정찰에 나섰다. 신설이 많이 쌓여 있어서 첫 피치의 난이도가 VI급에 달했다.

할린은 1965년 여름 아이거 북벽에서 또 다시 실패한 후 방향을 돌려 프티 드류 서벽에서 디레티시마 등반을 시도했다. 이미 지난 여름 시즌에 리토 테하다플로레스Lito Tejada-Flores와 함께 이 루트를 시도했었고, 그런 다음에는 피에르 마조 및 로베르토 소르가토와 팀을 이뤄 한 번 더 도전한 바 있었다. 그리고 마침내 그는 로열 로빈스와 함께 새로운 루트를 개척했다. 그리고 1966년 2월 초순, 이 겨울이 끝나기 전에 '가장 직선적인' 루트를 뚫겠는 굳은 다짐으로 재능이 뛰어난 등반가 무리들과 함께 아이거로 돌아왔다. 두걸 해스턴과 함께 이 프로젝트에 합류한 사람은 레이튼 코어였다. 코어는 큰 키의 캘리포니아인으로, 애리조나와 캘리포니아 사막에서 오랜 기간 쌓은 경험 덕분에 인공등반과 쉽게 부스러지는 바위 등반에 특히 뛰어났다. 그 당시 영국의 선구적인 알피니스트 중 한 사람이었던 크리스 보닝턴도 합류했지만, 그는 등반 지원과 공식적인 사진사 역할만 맡기로 했다. (하지만 보닝턴이 함께한다는 것만으로도 할린에게는 안전상 큰 위안이 되었다.) 이후 몇 주 동안을 또 한 명의 뛰어난 영국 등반가인 돈 윌런스도 함께했다. 거대한 북벽이 바라다 보이는 클라이네샤이텍Kleine Scheidegg의 호텔에 도착한 그들은 8명의 독일인들 또한 디레티시마 루트를 시도하고 있다는 소식을 듣게 되었다.

이 등반의 전체적인 내용은 두 권의 책에 잘 나와 있기 때문에 여기에서 반복할 필요는 없을 것 같다. 해머로 피톤을 박고, 아침마다 주마를 타고 올라갈 고정로프를 설치하고, 전날 저녁에 머물렀던 곳에서 다시 전진하는 식으로 매일같이 몇 피치씩 정복해나가는 이야기이다. 독일인들 역시 할린의 루트 바로 근처에서 똑같은 작업을 하고 있었다. 악천후 때문에 벽에 고정로프를 남겨둔 채 모두 벽 아래로 내려와야 했을 때는 긴 공백 기간들이 있었다. 다른 산들에서는 물론이고 아이거에서조차 훨씬 더 큰 위험에 직면했었던 존 할린이 추락하여 사망했다는, 아주 슬픈 이야기도 기록돼 있다.

———* 1966년 등반 보고서인 『아이거 직등Eiger Direct』, 피터 길먼Peter Gillman, 두걸 해스턴Dougal Haston 공저(런던, 1966) 및 존 할린 전기인 『곧장 위로Straight Up』 J. R. 울먼J. R. Ullman(뉴욕, 1968)

게리 헤밍

그는 천사처럼 팔을 크게 펼친 채 허공을 가르며 1,000미터도 넘게 자유 낙하해 사망했으며, 마침 클라이네샤이덱에서 망원경으로 북벽으로 관찰하던 사람들은 그의 추락 장면을 생생하게 목격했다. 그의 죽음은 당시로서는 예측 불가능했던 기이한 사고로 발생된 것이었지만, 그의 죽음이 불러일으킨 논란과 파장으로 인해 고정로프 사용법에서의 문제, 즉 주마 시스템으로 고정로프를 다시 오르는 데 있어서의 문제점이 재조명되었다. 그리고 그의 죽음은, 같은 기술을 계속 사용하면서도 치명적인 실수는 피하려는 사람들의 목숨을 구하는 데 어느 정도까지는 도움을 주게 되었다.

할린은 로프에 매달려 그 벽을 다시 오르고 있었고, 그의 앞으로는 두걸 해스턴과 독일인 한 명이 소위 '거미spider'라고 불리는 설원의 확보지점에 이미 도달해 있었다. (그 지점에서 두 팀은 경쟁을 포기하고 서로 힘을 합치기로 합의했다.) 할린이 앞서 두 사람이 사용했던 끝에서 두 번째 로프에서 공중에 매달린 순간, 로프가 끊어졌다. 직경 7밀리미터의 펄론perlon 로프였다. 그 로프는 일부 사람들이 주장하는 것처럼 그렇게 가늘지 않았으며, 순간적인 추락하중이 아니라 한 사람의 체중 정도만 버텨주면 되는 이런 방식에 사용되는 것이라 너무 두꺼울 필요도 없었다. 하지만 그 로프는 펄론으로 만들어진 것이었다. 할린과 해스턴은 다른 장비들과 마찬가지로 로프를 신중하게 선택했다. 새로운 펄론 로프는 더 가벼우면서도 예전의 마닐라 로프, 심지어 나일론 로프보다도 내구성과 탄력성이 뛰어났다. 펄론 로프는 신축성이 덜한 로프들보다도 추락이 상당할 경우 갑작스러운 충격을 흡수할 수 있는 탄력성 덕분에 산에서 훨씬 더 안전한 것으로 알려져 있었다. 하지만 이 탄력성이 할린에게는 치명적이었다. 그들은 이런 로프가 당연히 올라갈 때 늘어나고, 체중이 안 실리면 줄어든다는 사실을 미처 예상하지 못했다. 이는 곧 로프가 바위에 계속 쓸려서 계속 마모되고 결국은 끊어질 위험이 있다는 의미였다. 할린의 체중으로 끊어진 로프는 오버행에 고정돼 있었고 바위 모서리에 마모된 상태였다. 이미 몇 차례 등반에 사용되는 동안 수축과 이완을 반복하며 바위 모서리에서 수도 없이 쓸리고 있었던 것이다. 끊어지기 전까지 이 로프는 해스턴과 독일인들, 그리고 할린 자신과 다른 사람들의 체중을 버텨냈지만, 운명의 여신은 결국 할린의 죽음을 선택했다.

✳

게리 헤밍

헤밍은 할린의 죽음을 자신에게 다가오는 죽음의 전조로 여겼다. 그는 사고에 의한 죽음을 믿지 않았으며, 누군가가 사고로 죽으면 그건 그들이 원했거나, 아니면 살고자 하는 의지가 부족해서 일어난 일이라고 줄곧 생각했다. 사실 그는 어떻게 일어나든 죽음은 자발적인 행위라고 믿고 있었다.

"나는 우리가 사고나 병으로 죽는 것이 아니라 잠재의식적인 자기파괴, 혹은 죽음을 경험하고자 하는 의식적인 욕망을 통한 개인적인 선택에 의해 죽는다는 확신이 점점 더 깊어지고 있다."

그렇다면 할린이 죽음에 대해 의식적, 혹은 잠재의식적 욕망을 가질 수 있었을까? 그는 자연의 힘과 삶에 대한 사랑의 화신이었다. 점차 헤밍은 자신의 마음 상태와 죄의식을 할린의 운명 탓으로 돌렸다. 그는 할린이 잠재의식적으로 죽음을 향해 추락한 것은 무차별적인 힘을 사용해 아이거를 소유하려는 데서 오는 죄책감을 스스로 처벌하고자 하는 욕망에서 비롯되었다고 확신했다.

"무엇이 죽었나, 지난 주에 정말 무엇이 죽었지? 무언가가 죽었다는 건 확실한데, 그게 뭐였지? 넌 특정한 행동 규칙을 어겼어. 그게 아니라면, 대항하지 않았다는 거야. 왜냐하면 본질적으로 우주의 무에 대항할 건 아무 것도 없으니까. 우리가 어떠한 힘에 무조건적으로 대항하려 하면 너의 초월적인 힘은 아마 다른 쪽으로 구부러지고 말겠지만, 그 힘이 되돌아가는 방향은 분명 너에 대항하는 쪽은 아닐 거야. 힘이 너에게 대항할 때는 바로 그 힘을 고려하지 못했을 때야. 어쨌든 유일하게 확실한 건 할린이 자기 방식으로 이상향을 등반하는 데 실패했다는 사실이야. … 가장 비이상적인 방식으로 자신의 이상향을 소유하기 위해 아이거를 로프와 기계 장비의 힘으로 오르면서 말이야."

하지만 누군가의 죽음을 설명할 수 있다는 것과 그것을 받아들이는 건 완전히 별개의 일이고, 헤밍은 할린의 죽음을 받아들이지 못했다. 그는 장례식이 열린 레장에 가지 않았고, 대신 수없이 고쳐쓴 한 통의 편지를 마라에게 보냈다. 며칠 동안 할린의 죽음에 대해 생각한 그는, 그 죽음을 개인적인 운명과 결부시키며 끝내 친구의 죽음을 받아들이지 않았다. "그리고 존이야? 소위 말하는 그의 죽음? 그게 사실인가? 그의 존재에 실제로 무슨 일이 일어난 거지? 세상과의 모든 육체적 접촉이 사라진 후에 사람이 어떻게 무언가가 되는거지?"

결국 할린의 죽음을 전혀 받아들이지 않은 헤밍은 다음 여름 시즌에 그와 함께할 등반을 상상하기 시작했다.

게리 헤밍

"존은 내 가장 친한 친구다. 난 그의 죽음을 받아들이기를 거부하며, 내가 아는 한 그는 여전히 완전히 살아있다. 이 말을 어떻게 해석하든 그건 당신 자유지만, 지난 주 아이거에서 그가 추락했다는 건 오는 여름에 나 혼자서는 등반을 할 수 없다는 의미다. 이 등반에 대해 그에게 말했는데, 함께했던 오랜 시간과 우리의 우정을 생각해 꼭 그와 함께 이 등반을 하고 싶었기 때문이다. 이전에는 결코 할 수 없었던 방식으로 할 거고, 그의 확보는 나에게 가장 큰 힘이 되어줄 것이기 때문에, 분명 놀라운 등반이 되리라 생각한다. … "

"존, 너는 나의 최고의 동료였어. 결정권을 너에게 주지. 네가 루트와 시간을 선택하고 그대로 떠나자. … "

"도로변에 늘어선 봉우리들을 달빛 아래 등반하던 몇 년 전 오리건에서의 그날 밤처럼 말이야. 그날 밤은 나에게 확실히 특별했어. 우리는 각자 자신의 루트를 선택했고, 서로가 독립적이었지만 여전히 서로에 대해 확신하고 있었지. 로프나 말이 없어도 존재 자체만으로 갖게 되는 그런 확신 말이야. 존, 우린 여름에 등반하는 게 가장 좋겠어. 각자 단독등반하면서 넌 네가 가고 싶은 곳을 가고, 네가 떠나고 싶을 때 떠나. 그게 분명 가장 좋은 방법이야."

CHAPTER NINETEEN

변화의 시기

할린이 죽은 후 몇 년은 과도기적인 시기였고, 행복을 가져다줄지 죽음을 가져다줄지 알지 못하면서 헤밍이 끊임없이 기다려온 종국, 즉 자신의 운명을 예감하는 시기였다. 그 3년 동안 온전히 평온하진 않았지만, 그때쯤 헤밍은 자신의 운명을 향해 나아가면서 사건을 일으키기보다는 있는 그대로 받아들였다.

1966년 여름 그는 몽블랑 산군에서, 마음으로 할린과 로프를 함께 묶고, 몇 번의 멋진 등반들을 했다. 그리고 그 등반을 통해 미국에서 돌아온 이래 등반을 할 때면 언제나 느끼는 희열과 대담함을 경험했다.

드류에서 구조작업을 벌인 바로 그해 여름이었다.

그해 여름에는 마리에 대한 헤밍의 열정 또한 사그라들었다. 그는 봄철 내내 마리를 괴롭혔으나 그 무렵 성숙해진 마리는 다른 사람과 약혼을 했으며(나중에 그와 결혼했다), 더 이상 그의 아내도 아니며 일기를 읽고 싶은 마음도 없으니 그냥 내버려 두기를 바란다고 마침내 헤밍에게 말할 수 있었다. 헤밍이 이 통보를 극복하는 데는 수개월이 걸렸는데, 사실 그는 그녀를 잃은 자신을 상상할 수가 없었다. 그는 자신이 읽은 수많은 책 중에서 아서 왕의 이야기를 우연히 기억해냈고, 자신이 왕의 기사 중 한 명인 가레스Gareth와 이름이 똑같다는 사실을 알게 되었다. 이런 이야기들에 점점 빠져든 헤밍은 (여기에 정말이지 전혀 관심이 없었던) 마리에게도 알려주고 싶어했다. 이제 마리는 가레스의 여인인 리네트Lynette 혹은 리오네트Lyonette였다. 가엾은 헤밍! 1968년을 하루 앞둔 밤 모두가 마르쿠제Marcuse[*]와 레비스트로스Lévy-Strauss^{**}를 읽고 있을 때, 믿기 힘들겠지만, '알프스의 방랑자'는 마리를 위해 산문집 「아서의 죽음Morte d'Arthur^{***}」을 탐독하고, 테니슨Tennyson의 「국왕 목

---

[*] 헤르베르트 마르쿠제Herbert Marcuse(1898-1979)는 독일 태생의 미국 철학자이다. 〈역주〉

^{**} 클로드 레비스트로스Claude Lévi-Strauss(1908-2009)는 프랑스의 인류학자이다. 〈역주〉

^{***} 「아서의 죽음Morte d'Arthur」 토마스 맬러리 경Sir Thomas Malory(1485)

가『Idylls of the King』에 나오는 가레스의 시를 베껴 쓰고 있었다.

그해 여름 그는 마리를 만나기 위한 마지막 시도로 퐁트네-레-로제Fonteney-les-Roses에 있는 그녀 부모님 집의 울타리를 넘으려 했으며, 이 사건으로 체포되었다. 하지만 그때쯤 그는 점차 그녀의 거절에 단념하고 다른 생각들에 몰두하기 시작했다. 이미 그해 봄 그는 프랑수아즈와 콜레트Collete 그리고 마리 로르Marie Laure를 만났었고, 이 세 여인들 사이를 오가고 있었다. 그의 얼굴 사진이 모든 신문의 전면에 실린 이후에는 여성 추종자들로부터 수많은 편지를 받기 시작했고, 그중 일부에게는 답장을 하기도 했다. 그는 다른 많은 여성들을 만나 사랑에 빠졌고 즐거운 시간을 보냈지만 이내 시들해졌다.

처음에 헤밍은 성가시게 구는 프랑수아즈를 좋아하지 않았지만, 그녀는 점차 아주 중요한 사람이 되었다. 클로드는 그녀가 자신과 마리 사이의 일종의 타협점으로서 게리에게 적합한 여성일지 모른다고 생각했다. 그녀는 마리보다는 성숙했고 클로드보다는 모험적이었기에, 그녀라면 헤밍의 방황을 따라다니며 그를 행복하게 해줄 수도 있을 것이었다.

───➤ 「국왕 목가Idylls of the King」 알프레드 테니슨 경Lord Alfred Tennyson(1885)

1966년이 저물어갈 무렵, 헤밍은 다시 결심을 하고 미국으로 돌아갔다. 한 달 정도의 짧은 여행으로, 여행 경비를 출판사가 부담해주었기 때문에 그는 '캘리포니아 자유등반'이라는 자신의 책에 실을 사진을 넉넉히 확보할 수 있었다. 그는 라 메사에 있는 쉬리프의 집에 잠시 머물렀고, 샌프란시스코에서는 유럽으로 떠나기 전 첫 여자 친구 중 한 명인 게일Gail과 함께 지냈다. 그는 책의 교육적인 부분에 쓸 사진을 찍기 위해 톰 프로스트와 함께 조슈아트리에 갔다. 에드 쿠퍼와 헨리 데일리로부터 몇 장의 사진을 받았고, 안셀 애덤스Ansel Adams와 짐 브리드웰Jim Bridwell에게서도 몇 장을 구했다.

파리로 돌아오자 텔레비전 일자리 제의가 그를 기다리고 있었다. 그의 외모에 깊은 인상을 받은 프로듀서 하나가 영국 정복에 관해 프랑스 텔레비전이 각색 제작한 작품에서 그에게 헤롤드 왕King Herold 역을 제안한 것이다. 비극적 영웅! 헤밍에게는 너무나 이상적인 배역이었다. 그는 그 연기를 진정으로 즐겼고, 텔레비전 세계를 좋아했으며, 어깨까지 내려오는 금발에 금욕주의자 같이 홀쭉한 얼굴의 헤밍이 긴 튜닉tunic*을 입고 텔레비전에 등장하자 그

———* 소매가 없이 무릎까지 내려오는 헐렁한 웃옷으로 고대 그리스나 로마인들이 입었다. 〈역주〉

의 인기는 한층 더 치솟았다. 하지만 그의 얼굴에는 완전히 지쳐 있는 사람의 흔적이 드러나 있었다.

이때는 헤밍이 일에 집중한 시기였다. 그는 출판사가 제공한 아파트에 기거하며 동시에 두 권의 책을 쓰고 있었는데, 하나는 캘리포니아 자유등반에 관한 책이었고, 또 하나는 『편린의 조각들』이라는 책이었다. 등반에 관한 책은 확인하고 조사해야 할 것들이 아주 많았기 때문에, 헤밍은 할린을 대신해 등산학교를 운영하던 로빈스에게 자문을 구하기 위해 레장으로 갔다. 로빈스는 그에게 많은 도움을 주었다. 그는 헤밍을 좋아하고 존경했으며, 게다가 그 주제에 관심이 많았다. 헤밍은 등반과 관련된 기술적·윤리적 문제에 대해 로빈스와 6시간 동안 나눈 대화를 녹음했다. 그는 녹음을 옮겨 적는 작업에 착수했으나 그때 다른 프로젝트가 생겼으며, 그리고 몇 개월은 『편린의 조각들』에만 매달려야 했다.

그는 몇몇 여자친구들과 함께 여름을 샤모니에서 보냈다. 그러다 클로드가 왔고, 그후에는 또 다른 여자들을 만났다. 그들은 그로 하여금 시간을 허비하게 만들었고, 얽매이고 있다는 느낌이 들게 만들었다. 여자들과 너무 많은 시간을 보낸 것이 실수였을까, 아니면 등반에 더 이상 관심이 없어져서 핑계거리가 필요했던 걸까? 그는 8월 중순

게리 헤밍

샤모니를 떠났다. "샤모니는 너에게 맞는 곳이 아냐, 게리. 유명세로 마음의 균형이 무너지고 말았어. 여름의 샤모니와 이곳 산들은 너를 위한 게 아냐. 혼자서 지낼 필요가 있어. 이런 곳에선 고독을 찾을 수 없잖아."

샤모니에는 헤밍과 인터뷰하려는 기자들도 있었다. "기자들은 완전히 검은 것이든, 완전히 흰 것이든, 독자들에게 보여줄 어떤 이미지를 만들어내고 싶어 한다. 난 참운이 좋다! 여전히 나를 흰색으로 칠해주고 있으니. 아주 좋은 일이긴 하지만 그것이 진실은 아니고, 이런 진실의 결핍이 내게는 감당하기 힘들 만큼 부담스러워지고 있다."

헤밍은 칼랑크로 도망쳤으나, 그가 가장 좋아하는 그곳조차도 8월에는 조용하지 않았다. 결국 그는 일을 하러 다시 파리로 돌아왔다.

헤밍의 삶은 광란의 도가니가 되었고, 그가 남긴 발자취는 희미하게 사라져갔다.

CHAPTER TWENTY

마지막 여행

1968년 봄 헤밍은 대학 과정을 밟기 위해 프랑수아즈와 함께 스웨덴의 스톡홀름, 혹은 말뫼Malmo로 갔다고 배리 코벳은 증언했다. 마지막 2년치의 일기장이 분실된 데다 프랑수아즈는 사라져버려 이 여행의 구체적인 내용은 알 수 없다. 코벳에게 헤밍이 했던 말에 따르면, 스웨덴으로 향한 그 여행 동안 그들은 마치 연극을 하듯 다른 캐릭터인 척하며 시간을 보냈다고 한다.

그들은 오랫동안 함께 지내지는 않았다. 헤밍이 그녀의 애정을 얻는 데는 오랜 구애가 필요했으며, 처음에는 그녀가 완고했던 걸로 코벳은 기억하고 있다. 드류 구조작업 이전에 그가 알았던 프랑수아즈는 다른 여성이었을 가능성도 있다. 하지만 어쨌거나 헤밍과 프랑수아즈는 1968년에 함께 지냈고, 스웨덴에도 함께 갔다고 알려져 있다.

그들은 또한 호텔 드 파리Hotel de Paris의 다락방에서 지내며 샤모니에서 얼마간 머물렀다. 그동안 헤밍은 몇몇 소소한 일들을 했는데, 겨울에는 로프를 굴뚝에 잡아매 안전을 확보하며 큰 호텔의 지붕에서 눈을 치우기도 했다. 프랑수아즈는 호텔에서 손님들에게 아침식사를 제공하는 일을 했다. 당시 그 호텔의 사장이었던 루 자닌Rou Janin은 그 커플이 자신의 호의도 받아들이지 않을 정도로 아주 양심적이고 조심스러웠던 것으로 기억하고 있었다. 어느 날 아침 프랑수아즈가 아파서 아침식사 제공하는 일을 하러 아래층으로 내려오지 못했다. 그러자 헤밍은 '자신은 그럴 자격이 없다'며 평소와는 달리 호텔에서 식사를 하지 않았다.

그들은 미래에 대한 계획을 세웠는데 아마도 그건 헤밍의 계획이었던 것 같다. 그는 프랑수아즈와 함께 히말라야에 가고 싶어했으며, 그러자니 돈이 필요했다. 프랑수아즈는 나이로비의 프랑스 대사관에서 일자리를 하나 제안받았으며, 그녀가 그곳으로 떠날 준비를 하는 동안 헤밍은 알래스카로 여행을 가서 페어뱅크스에 있는 송유관 건설 현장에서 일했다. 열악한 환경 속에서의 힘든 일이었지만 보수는 좋았다. 헤밍은 등반도 하지 않고 친구도 만들지 않으면서 오직 일만 했다. 그러고 나서 그는 유럽으로 돌아가기 전 잠시 미국에 들렀다.

1968년 5월 배리 코벳은 뜻밖의 사고를 당했다. 그는 산악영화 촬영 전문가였는데, 콜로라도에서 스키대회를 촬영하던 중 그가 탄 헬기가 추락해 척추에 심각한 부상을 입은 것이다.

헤밍이 언제 그 소식을 들었는지는 아무도 모르지만, 친구들과 가끔씩 주고받았던 편지들로 미루어 짐작건대 1968년 어느 시점인 것 같다. 헤밍이 스웨덴에서 돌아왔을 때 그 소식을 알고 있었을 수도 있겠지만, 당시 그는 미국으로 돌아갈 계획이 전혀 없었다. 하지만 다음 해 알래스카에서 돌아오는 길에 그는 코벳을 만나러 곧장 덴버로 날아갔고, 코벳은 휠체어를 타고 공항으로 마중나왔다.

코벳은 자신의 '참을 수 없는 상태'를 치료하기 위해 헤밍이 온힘을 다한 그 2주 반을 굳이 떠올리고 싶지 않아 했다. 친구가 휠체어에 갇혀 있다는 생각은 그에게는 분명 죽음보다도 더 받아들이기 힘들었을 것이다. "대단한 결심을 했는지 그는 혼자서 할 수 있는 일은 모두 다했습니다."

게리 헤밍

라고 코벳은 말했다. 의학적 또는 과학적 근거에 의한 치료는 물론 아니었지만, 자신의 노력에 대한 믿음을 갖고 있는 헤밍으로서는 성공하지 못했다는 사실을 받아들이기 힘들 정도였다.

코벳은 그 시절 이야기를 꺼리면서 정말 끔찍한 시간이었다고 회상했다. 온전히 의지력만으로 코벳을 걷게 하려고 2주 반 동안 치열한 노력을 기울인 헤밍은(당연히 헤밍은 그 의지력을 코벳에 전하려고 했다) 코벳의 관자놀이에 권총을 겨누고 일어서라고 명령했다. 코벳은 그의 팔을 잡고 일어섰으나 그대로 쓰러졌다. (달리 무엇을 할 수 있었겠는가?) 그러자 헤밍은 권총의 탄창을 비우고 나서 총알 하나를 다시 넣고 돌렸다….

코벳은 더 이상 이야기를 이어나가려 하지 않았다.

헤밍은 구세주 역할에 매우 진지했으며 자신의 무력함에 크게 좌절했다. 그는 또한 코벳이 자기 부상에 완전히 무력하다는 사실을 확인하고는 크게 당황하며 충격을 받았다. 코벳의 친구들 중에서 헤밍만큼 그를 우러러본 사람도 없었을 것이며, 정신적·도덕적으로 그토록 강한 사람이 '자신의 상황을 지배하지' 못하고, 순전히 육체적인 문제를 극복하지 못한다는 것을 헤밍은 받아들이지 못했다.

휠체어에 의지한 후 24년이 지난 지금에도 배리 코벳은 여전히 남다른 힘과 자신감을 발산하고 있다. 이것이 바로 헤밍이 그에게서 보았던 모습인데, 헤밍을 가장 화나게 했던 건 아마도 사고 후 친구가 내면의 힘을 빼앗긴 상태의 모습이었을 것이다.

결국 그는 덴버를 떠나 옛 친구들을 만나기 위해 티톤으로 갔다. 코벳의 전 부인 머피가 코벳을 방문한 후 장남을 데리고 잭슨홀로 가려던 참이라 헤밍은 그들과 합류했다. 머피는 산 근처 숲 한가운데 있는 윌슨Wilson이라는 잭슨의 외곽 마을 근처에 작은 통나무집을 하나 가지고 있었다. 헤밍은 곧 이곳이 마음에 들어 오두막에서 몇 주를 묵었다. 그는 머피와 코벳의 세 아이들과 함께 오두막에서 지내며, 아이들을 데리고 숲속으로 산책을 나가「옐로 서브마린The Yellow Submarine」을 함께 부르고 모험 이야기를 들려주었다. 그리고 아이들에게 자신의 아들 이야기도 해주었다. 그는 로랑에게 줄 작은 곰 인형을 하나 가지고 있었는데, 그 곰 인형을 로랑으로 삼고 아버지로서 이야기를 들려주는 작은 쇼를 펼치기도 했다. 머피는 인간의 최초 달 착륙 장면을 헤밍과 함께 텔레비전으로 본 것으로 기억하고 있으니, 그 시기는 분명 1969년 7월경이었을 것이다.

게리 헤밍

헤밍은 머피와 많은 이야기를 나누었다. 수개월을 혼자서 일해온 그는 누군가에게 속내를 털어놓고 싶어했으며, 이는 평상시의 그와는 다른 모습이었다. 그는 빨간 머리의 매력적인 머피를 늘 좋아했는데, 그녀는 결혼 공백 기간에 헤밍과 바람을 피우기도 했다. (그녀는 코벳과 두 번 결혼하고 두 번 이혼했다.) 하지만 그동안 헤밍은 그녀에게 자신에 관해서 전혀 얘기한 바가 없었는데, 이때는 자신의 유럽 생활을 비롯해 클로드와 로랑에 대해 얘기해주었다. 그는 또한 프랑수아즈와 자신들의 계획뿐만 아니라, 어린 시절과 청소년기의 여러 사건들에 대해서도 말했는데, 이전에는 어느 누구에게도 털어놓지 않은 경험들이었고, 심지어 일기에서도 언급조차 되지 않은 것들이었다. 그중 하나로 열한 살에 라 메사 근처의 시골에서 지낼 때 성인 남자 셋이서 그를 겁탈하려 했던 사건이 있었다. 그는 머피에게 그 끔찍한 경험 이후로 어른에 대해 통제할 수 없는 두려움을 갖게 되었다고 털어놓았다. 이런 두려움은 성인 헤밍에게서 전혀 드러나지 않았지만, 그의 갑작스럽고 이해할 수 없는 공격성을 일종의 본능적 자기방어로 해석할 수 있는 여지를 준다. 그의 미국에 대한 두려움, 미국에 있다는 것만으로도 폭력에 대한 두려움이 생기는 것 또한 아주 먼 과거의 이 사건 때문이었는지도 모른다.

혜밍은 윌슨과 잭슨, 제니 호수를 오가며 친구들을 만났다. 그해 여름은 아름다웠고 친구들 대부분이 그곳의 텐트나 통나무 오두막에 머물고 있었다. (훗날 이 오두막들은 국립공원 당국이 철거했다.)

그는 콜로라도에 있는 페기에게 티톤으로 오라고 전화했다. 페기는 시간을 낼 수 없었거나, 혹은 그럴 마음이 없었던 것 같다. 그날의 일에 대해 이야기하자 그녀는 여전히 눈물을 흘렸다. "그때 알았더라면… 제가 필요했었겠지요. 도움이 될 수도 있었을 텐데…."

혜밍의 많은 친구들이 그렇게 말한다. "그때 알았더라면…." 하지만 그들이 어떻게 알 수 있었겠는가? 혜밍은 아주 활기차고 건강해 보였고, 미국 여행을 통해 에너지를 새롭게 얻었다. 그는 그들이 이제껏 알아온 바로 그 혜밍이었다. 늘 그랬던 것처럼, 말이 많고, 마음이 따뜻하고, 남의 일에 간섭하고, 그러다 갑자기 사색의 장소를 찾아 어디론가 사라져버리는…. 그는 부인과 세 아이들과 함께 잭슨에서 살고 있는 피트 싱클레어를 찾아갔다. 싱클레어의 막내가 갓 태어났을 무렵이었다. 혜밍은 아이들과 함께 놀았고, 먼저 방문했을 때 무례하게 굴었던 코니Connie에게 사과도 했다. 그는 친구들의 부인에게 늘 무례했는데, 남편을 얽매이게 한다는 것이 그 이유였다. 혜밍의 빈정거리는 말투에

게리 혜밍

화가 난 코니는 무거운 전기 토치로 그의 머리를 한 대 내리쳤으며, 이런 그녀의 대응을 높이 평가한 헤밍은 그 순간부터 그녀를 매우 존중해주었다.

예전의 '카를로스'였던 찰스 플러머도 싱클레어와 함께 지내다 시애틀로 떠났다. 그와 헤밍은 스털링 닐과 그의 전 부인 린Lynn을 방문했다. 그리고 그들은 맥주를 마시며 멕시코 여행의 추억에 잠겨 즐거운 오후를 보냈다.

헤밍은 윌리 언솔드를 찾아가기도 했다. 그들은 세계 최고봉을 미국인 최초로 오른 1963년 에베레스트 원정등반에 관해서 이야기를 나눴다. 그때 언솔드는 (톰 혼바인Tom Hornbein과 함께) 서쪽 능선으로 정상에 오른 후 사우스콜로 내려오는 횡단 등반에 성공했었다. (배리 코벳의 지원 아래) 그들은 자리에 없는 티톤 출신 친구들에 관해서도 이야기를 나누었는데, 제이크 브리튼바흐는 에베레스트에서 죽었고, 그리고 역시 원정대원이었던 배리 코벳은… 재능 있고, 강인하고, 너그러운 사람이었는데, 그런데 지금은….

헤밍은 휠체어에 갇힌 친구와 그를 도와주지 못한 자신의 무력함에 대한 생각을 떨쳐버릴 수가 없었다. 그는 빌 브릭스에게 가서 자신이 떠나면 코벳을 도와주고, 회복될 수 있도록 최선을 다해 돕겠다는 약속을 받아냈다.

그리고 8월 6일, 제니 호숫가에서 '티 파티'가 열렸다.

CHAPTER TWENTY-ONE

티 파티

늘 그래왔던 것처럼, 티 파티는 제니 호수 근처의 가이드 힐에서 열렸다. 대부분의 옛 친구들이 그곳에 있었으나, 파티가 오후에 시작되어 밤 늦게까지 계속되었고 이 사람 저 사람이 드나들었던 까닭에, 그날 특정 시간대에 누가 어디에 있었는지 확인하기는 쉽지 않다. 언제나 그러했듯 그날 역시 먹을 것도 많았고 저마다 와인과 맥주도 가져왔다. 헤밍은 오후 중반에 머피와 함께 도착했다. 산에 다녀오느라 점심을 건너뛴 그들은 테이블에 앉아 와인을 들이키기 시작했다. 거기에는 맥주도 또한 넘쳐났으며, 자기가 마시려고 머피가 가져온 슬리보비츠아slivovitz도 있었다.

———* 발칸반도 국가에서 즐겨 마시는 자두 브랜디 〈역주〉

머피에 의하면, 오전 내내 기분이 좋았던 헤밍은 파티에 가기 전 무즈에 있는 우체국에서 들러 자신에게 온 편지가 있는지 확인했는데, 아무 것도 와있는 게 없자 기분이 상했다고 한다.

나중에 브릭스가 왔을 때 그곳에는 적어도 8명이 있었는데, 그 중에는 하루 일과를 끝내고 온 젊은 가이드 마이크 로우와 딘 무어Dean Moore도 있었다. 게다가 머피 외에도, 머피와 헤밍을 언제나 따라다니는 조안Joan(그녀는 헤밍을 좋아하고 있었지만 헤밍이 받아주지 않았다고 머피는 믿고 있었다)과 딘 무어의 부인 로빈Robin도 있었다. 티톤에서의 가이드 문제를 놓고 무어와 토론하던 로우를 제외하고는 모두가 술을 마시고 있었다. 머피는 헤밍이 이 토론에 매우 활기를 띠며 참여했던 것으로 기억하고 있다. 그는 미국의 제도가 착취를 부추기고, 티톤 공원의 가이드서비스 소유권을 가진 글렌 엑섬이 가이드들을 착취한다고 주장했다. 그는 힘을 합쳐 저항하자고 가이드들을 설득했는데, 그들이 별다른 반응을 보이지 않자 겁쟁이라고 부르며 모욕을 계속했다.

그들의 논쟁은 점점 더 격렬해졌다. 로우는 헤밍이 무어와 헤밍 자신에게 느낀 일종의 좌절감에 대한 분풀이로 논쟁을 벌이고 있다는 인상을 받았다. 크고 건장한 체격이지만 침착한 성격을 지닌 로우는 논쟁에서 한 발 물러나려고 했다. 그날 잭슨에 있었던 모든 사람들처럼 그 또한 게리와 그가 벌이는 논쟁에 대해 들은 바가 있었으며(카우보이들과의 싸움 이야기 등), 문제가 커지는 걸 원치 않았다. 하지만 헤밍은 로우를 붙들고 늘어졌다. 그는 도발을 목적으로 로우의 안경을 벗기고는 "일어나 한판 붙자."라고 소리쳤다. 로우는 일어나서 유도 동작 한 번으로 그를 땅에 눕혔다.

다치게 할 의도는 전혀 없었으며, 제압을 위해서였다.

로우의 기억에 따르면 그 순간 헤밍은 그의 어깨에 매달려 울기 시작했고, 다른 사람들의 말에 의하면 자신의 패배를 애써 무시하려는 듯 웃기 시작했다고 한다. 그러나 영화나 책을 통해 모두들 아는 바와 같이, 거친 서부의 세계에서는 싸움에서 지면 굴욕감을 느끼게 된다. 친구들 앞에서 체면을 구겼다고 생각한 헤밍은 조안을 말로 공격하는 반응을 보였다. 그러자 다른 사람들처럼 술을 많이 마신 조안이 참지 못하고(그 순간 다들 조금 긴장했다), 그의 **뺨**을 때렸다. 그때 머피가 돌아왔고, 헤밍은 분노의 화살을 그녀에게 돌려 조안이 자신에게 했던 것처럼 그녀의 뺨을 때렸다.

머피는 그녀의 차로 도망갔고, 헤밍은 차에 있는 그의

배낭을 가지러 그녀를 뒤쫓아갔지만, 겁이 난 머피는 차 안에서 나오지 않았다.

이런 소동이 벌어지는 동안 브릭스는 사태를 진정시키려 애를 썼으며, 모두(또는 거의 모두)를 가까스로 돌려보냈다. 오랜 시간이 지난 지금에 와서 사건을 정확히 파악하기란 쉽지 않고, 따라서 헤밍이 어느 시점에 허공으로 총을 발사했는지도 알기 힘들다. 머피는 그녀가 차 안에 들어가 있기 전에 벌어진 일이라고 하고, 브릭스는 그 이후라고 주장했으며, 나머지 사람들은 전혀 기억하지 못했다. 결국 헤밍이 권총을 지니고 있었는지, 아니면 그 권총이 차 안의 배낭에 들어있었는지 알아내기는 훨씬 더 어려워졌다. 헤밍은 배낭 안에 권총을 항상 가지고 다녔지만 사용한 적이 없다는 걸 우리 모두가 알고 있기 때문에 후자일 가능성이 훨씬 더 크기는 하다. (그의 친구들은 헤밍이 배낭 안에 권총을 늘 넣고 다닌다고 하면 충격을 받았다. 친구들이 "왜 갖고 다녀?" 하고 물으면 그는 "몰라도 돼."라고 대답하곤 했다. 미국으로 돌아간 마지막 여행에서 그는 사실 권총을 두 자루 가지고 있었는데, 하나는 덴버에서 배리 코벳에게 주고 왔고, 가벼운 권총 하나를 티톤으로 가져온 것이다.) 만일 그가 배낭을 차에 두었다면, 전쟁터가 아니라 산에서 돌아온 그로서는 권총을 소지하지 않고 있었을 가능성이 크고, 게다가 몸에 총을 지니고 있을

게리 헤밍

만한 곳도 분명 없었다.

하지만 그날 저녁에서 이 시점은 아주 혼란스럽다. 마이크 로우와 딘 무어가 조안과 함께 자리를 떴기 때문에 그곳에 남은 사람은 헤밍과 머피, 그리고 브릭스뿐이었다. 머피의 기억에 따르자면, 헤밍은 아무도 그를 이해하지 못하고 아무도 나서려는 의지가 없다며 울음을 터뜨렸고, 내일 다시 돌아와서 모든 가이드들의 복수를 위해 글렌 엑섬을 죽여버리겠다고 소리를 질러대기 시작했다. 그러더니 그는 머피에게 죽여버릴지도 모르니 어디론가 꺼지라고 소리쳤고, 겁이 난 머피는 무어의 집으로 도망쳤다는 것이다.

머피와 무어, 그리고 로빈은 다음 날 함께 등반을 하러 가기로 했었다. 그들은 오전 6시 30분에 일어났다. 전날 파티가 열린 장소에서 몇 미터 떨어진 곳에 경찰차가 있었고, 헤밍의 시신이 길 건너편에 놓여 있었다. 시신은 천으로 덮여 있었지만, 그가 항상 신고 다니던 신발을 보고 헤밍이라는 사실을 알 수 있었다.

이러한 사건의 재구성은 주로 머피, 마이크 로우, 딘 무어, 그리고 빌 브릭스의 증언을 기반으로 했다. 머피는 너무 취해 있어서 정확한 전후과정을 기억하지 못한다고 말했다. 로우와 무어는 그 일을 분명하게 기억하지만, 헤밍이 그들에게서 눈을 떼자마자 자리를 떴다고 말했다.

브릭스는 나에게 그 이야기를 한 번은 말로, 또 한 번은 편지로 전해주었다.

CHAPTER TWENTY-TWO

브릭스의 편지

알래스카에서 돌아온 그는 덴버에서 코벳과 함께 지낸 후 티톤으로 왔습니다.

"빌, 배리를 위해 네가 해야 할 일이 있어. 네가 결정 해!"

헤밍이 최선을 다했다는 것만 알고, 둘 사이에 무슨 일이 있었는지는 전혀 몰랐습니다. 내가 할 수 있는 일이라고는 정신적 문제만 극복하면 배리가 걸을 수 있다는 데 동의를 표하는 것밖에 없었어요. 하지만 그가 원해야 되는 일이기도 하고, 그 장애의 정도가 어느 정도인지 누가 알겠습니까?

우리는 헤밍의 '명성'에 대해서, 그리고 그가 얼마나 그럴 자격이 안 되는지, 얼마나 그에게 당혹스러운 일인지에 대해서도 얘기를 나눴던 적이 있습니다. 이것은 헤밍이 전혀 해결할 수 없었던 문제였고, 그래서 그는 더 이상 인정 받는 자리를 피해다녔습니다 … 거의 사력을 다해서요. 기자들은 그의 진실성을 모욕하는 거짓 이미지를 만들어냈습니다. 사실, '명성'은 언제나 잘 받아들이기 힘든 문제고, 이는 모든 사람들에게 마찬가지일 겁니다. 사람들은 행동 하나라도 놓치지 않으려고 독수리처럼 몰려드는 경향이 있습니다. 이때 요령은 한 입에 물 수 없을 정도로 커지는 거죠…. 이건 사실 자만하지만 않으면 잘 먹히는 방법입니다.

헤밍은 샤모니에서 가이드 훈련과 자격시험에 대해서도 이야기했습니다. 본질적으로, 그건 샤모니 산군의 계곡을 가로질러 몇 개의 봉우리를 넘는 시합이었습니다. 그는 가이드 자격시험의 첫 번째 단계를 통과했지만, 그 과정에 대해 약간 다른 의견을 갖고 있는 것 같았습니다. 아니면 제 생각 때문에 그렇게 느꼈을 수도 있습니다. 자격시험은 여전히 강압적이고, 정말 불필요할 정도로 형식적인 경향이 있으며, 다른 사람을 받아들이기보다는 배제하려는 목적이 더 큽니다. 저는 이 제도를 좋아하지 않고, 이로 인해 서로가 불필요한 갈등을 강요당한다고 생각합니다. 제가 보기에는 그도 이런 추론을 인정하는 것 같았습니다.

마침내 온갖 종류의 친구들과 손님들이 초대된(허용된?) '가이드 힐' 티 파티가 열렸고, 아내와 여자친구들이 가져온 맛있는 음식과 남자들이 가져온 술이 준비되었습니다. 대부분의 고등교육기관에서 관습화가 된 게 바로 규율 없는 과음이지요. 수십 년 동안 참석했던 이런 술자리들을 돌이켜보면, 형제애가 깊어졌다고 생각하는 사람들도 있겠지만, 어느 누구, 혹은 어떤 집단에도 결코 유익하지 않다는 게 제 결론입니다. '술친구'가 된다는 건 결국은 재앙을 초래하는, 우정의 아주 피상적인 기반일 뿐입니다. 그렇지 않나요?

어쨌든 저는 그 파티에서 술을 많이 마시지 않았습니다. 특히 다음 날 손님을 가이드해야 해서 더욱 그랬습니다. 저는 과음하지 않도록 조심하면서 대인관계에 지장을 주지 않을 만큼만 마셨습니다. 밤이 깊어졌고 파티에는 골수분자들만 남아있었습니다.

혹시 문제가 일어날지도 모른다고 처음 느낀 건 황혼 무렵에 벌어진 격렬한 토론에서였습니다. 주제는 불길했고, 제가 그 집단에 건너갔을 때는 어찌할 수 없는 지경으로 심각해져 있었습니다. 저는 그 주제가 누구든 휘말릴 수 있는 가장 민감한(불쾌한) 주제라는 사실을 알아차렸습니다. 다른 어느 누구도 이를 인지하려는 사람이 없으니 정말 비상 상황이었죠. 저는 조심스럽게 대화의 주제를 어떻게든 다른 방향으로 돌리려 애를 썼고, 다행히도 효과가 있었습니다!

비록 그 주제는 두 번 다시 언급되지 않았지만, 충격이 너무나 커서 토론에 참여한 대부분이 여전히 거기서 빠져나오지 못하고 있는 듯했습니다. 우리에게 힘든 밤이(며칠은 아닐지라도) 될 거라는 징조였지요. 저는 한 사람씩 붙잡고 집으로 돌아가라고 조용히 설득하기 시작했습니다. 그러는 사이 헤밍은 조안에게 달라붙어 그녀를 껍질(이든 무엇이든 간에)에서 나오게 하려고 애쓰고 있었습니다. 제가 대화의 주제를 다른 방향으로 돌리는 데 성공하기도 전에 그는 조안의 뺨을 때렸습니다. 이것이 곡예의 시작이 되면서, 모두 집으로 돌아가면서도 무슨 일이 벌어지는지 계속 지켜보게 만들었지요.

그때 로우 형제 하나와 대립이 벌어졌습니다. 그와 헤밍 간에 서로를 비하하는 마초적인 자극이 말싸움에서 시작해 마침내 신체적 접촉, 즉 서로를 밀치는 행동으로 진전되었습니다. 제 기억으로 헤밍은 미친 듯이 웃기 시작했는데, 아마 그 모든 게 너무 어처구니 없어서였던 것 같습니다. 어

게리 헤밍

깼거나 그 사건은 로우에게 자리를 뜨도록 설득해 겨우 해결되었습니다.

하나둘씩 모두 돌려보내는 데 성공한 저는 우리가 잠을 잘 수 있기를, 그리고 고객들을 위해 제가 충분히 쉴 수 있기를 희망하며 헤밍과 함께 밤을 보내기로 결심했습니다. 따뜻한 밤이었고, 우리는 주차장 너머의 무성한 풀밭에 누웠습니다. 다른 사람들을 '깨닫게' 하는 데 실패한 그는 무척 우울해 했습니다. 저는 그의 말을 귀담아 들으면서 중간중간 틈을 보아 긍정적인 말들을 끼워넣었습니다. 그가 이룬 성취, 밤하늘의 별들, 우리의 우정, 그가 저에게 준 도움 같은 것들을요. 제가 그를 팔로 감싸 안으니 그는 조금 흐느끼다 조용해졌는데, 아마 잠이 든 것 같았습니다.

난장판이 될 일을 잘 마무리했다고 스스로 만족해하고 있을 때, 차 한 대가 전조등을 우리에게 비추며 주차장으로 들어왔습니다. 당연히, 자극을 받은 헤밍이 그 아가씨에게 시비를 걸기 시작했지요. (잭슨에서 그와 함께 지낸 적이 있는 아가씨였습니다.) 차를 움직이지 못하도록 그가 차 보닛 위에 올라 코를 앞유리창에 바싹 대자 그녀가 와이퍼를 작동시키는, 놀랍도록 재미있는 장면이 연출되었습니다. 그는 자기 배낭을 달라고 했고, 어떤 이유에서였는지 그녀는 그냥 떠나려 했습니다. 글쎄요, 그가 배낭을 돌려받았거나, 아니면 권총이라도 꺼내기 위해 차 안으로 들어갔는지도 모르겠습니다.

저는 여전히 조용히, 무리없이, 상황을 통제하려 했으나 성공하지 못했습니다. 헤밍은 그녀를 쏠 수도 있다는 걸 증명하려는 듯 공중으로 권총을 발사했고, 저는 제가 도움이 아니라 걸림돌이 되고 있다고 판단했습니다. 그래서 마지막 카드로, 일이 잘 해결되었으니 자러 가겠다고 말했습니다. 그들은 저에게 믿을 수 없다는 듯 망연자실한 표정을 지어 보였고, 저는 그것을 이제부터는 자신들의 책임이라는 걸 깨달았다는 의미로 받아들였습니다. 하지만 그게 아니었습니다! 그건 너무나도 분명하게 아무 효과가 없었습니다. (그리고 아마) 20분 후에 두 번째 총성이 울렸습니다.

아마 헤밍이 자살했거나, 아니면 그 아가씨를 총으로 쏬을 수도 있겠다고 생각했던 기억이 납니다. 하지만 바로 그때 그가 바로 제 위에서 나타난 겁니다. (그해 여름 저는 밴에서 잠을 자며 지냈습니다.) 의도적으로 제가 이렇게 대화를 시작한 것으로 기억합니다. "괜찮아?" 그는 자신이 불행하다고 대답했습니다. 그러면서 육체를 이탈해서 기쁘다고…. 몸에 뭔가 심각한 문제가 있는 것 같은 느낌을 주었지만, 무슨 문제인지는 말하지 않았습니다. 그저 커다란 위안을 받은 듯했어요. 저는 육체를 벗어나면 언제나 위안이 있다고 말했지만, 그는 그런 육체가 완전히 제거되어야 위안이 된다고 제 말을 정정해주었습니다.

그는 이렇게 엉망으로 만들어서 미안하다고 말했습니다. 저는 육체를 다룰 수 있다는 따위의 대답을 했구요. 그는 모든 것이 괜찮지만, 유럽에 남겨놓은 엉망인 상황은 안 그렇다고! 그리고 덴버에도, 그리고 아프리카에도!* 아무튼 저는 그런 문제들도 해결될 수 있다고 그를 안심시켰습니다. 그렇게 믿는다고…. 그는 고맙다는 말을 했고, 저는 그가 저의 삶에 얼마나 긍정적인 영향을 미쳤는지 알려주려는 의미였다며, 자연스럽게 말을 이어갔습니다. 덕분에 잘 지내왔고 더 유능해졌다고. 서로에 대한 애착이 너무도 깊어져서 한동안 그 감정에 푹 빠져 잘 지냈지 않았냐고…. 마침내 저는 그에게 가라고 하고 나서 주변을 정리하기 시작했습니다. 그러자 그는 즉시 사라졌습니다.

깜짝 놀란 저는 바로 일어났습니다. 방금 전의 일은 제

---

* 정확하게 말해, 브릭스가 첫 번째 편지에서는 아프리카를 언급하지 않았지만, 두 번째에서는 아프리카를 언급했다. 또 다른 문서에서, 그는 덴버 대신 볼더Boulder를 썼다. 그는 헤밍이 죽었을 때 덴버에서 살다가 볼더 근처로 이사한 배리 코벳을 언급했다.

게 아주 색다른 경험이었어요. 이게 정말 현실인가? 그 아가씨의 차에 등이 여전히 켜져 있어서 저는 그 등을 끄고 문을 닫았습니다. 그리고 그녀를 찾으러 가이드 힐 주변을 돌아다녔지만 깨어있는 사람은 아무도 없었어요. 헤밍이 그녀를 쐈을 수도 있을 것 같았습니다. 그렇다면 시신이 언덕 바로 너머 도로 입구에 있을 것이고, 거기로 가서 확인을 해야지 … 하다가 멈췄습니다. 밤에 손전등만 들고, 총을 가진 누군가를 찾으러 가는 것이 정말 현명한 짓일까? 무슨 일이 벌어졌든 날이 밝을 때까지 기다려야 하지 않을까? 저는 다시 돌아와 잠을 청했습니다.

이른 새벽에 다시 일어나 헤밍의 시신이 있을 것 같은 장소로 곧장 갔습니다. … 그리고 그곳에 정말 그의 시신이 있었지요. 공원 센터에 전화를 하자 레인저 하나가 급히 달려왔습니다. 그는 제 말을 주의깊게 들었고, 저는 아침을 조금 먹고 나서 그날 약속된 고객을 만났습니다. 일을 끝내고 돌아와 보니, 애도를 표할 것으로 예상한 사람들이 모두 모여 있었습니다. 어떤 사람들은 저를 위로하려 했지만 저는 그럴 입장이 아니었습니다. 무슨 일이 일어났는지 저들에게 말을 해야만 하나? 그게 무슨 소용이 있나? 저는 조금 시도해보다 포기했습니다. 그리고 헤밍이 지금 더 나쁘지는 않을

게리 헤밍

거라 생각한다고만 했습니다. 사실 저는 그가 '훨씬' 더 잘 지내고 있을 거라 확신하고 있었습니다.

~~~~~~

이것이 조사에 도움을 요청하자 빌 브릭스가 나에게 보내준 편지였다. 그는 그날 저녁의 일들을 이토록 자세하게 설명해주었다. 그로부터 약 2년 후 잭슨에서 만났을 때, 그는 자신의 모든 이야기들을 일일이 확인해주었다.

처음에 나는 헤밍의 영혼이 밴에서 자기 위에 떠돌아다녔다는 브릭스의 이야기가 좀 미친 듯하여 믿기지 않았다. 그러나 훗날 헤밍의 발자취를 따라 미국을 여행하며 그와 가까운 사람들과 이야기를 나누었을 때, 헤밍이 죽은 후 그를 다시 만난 사람이 브릭스만이 아니라는 사실을 알게 되었다. 이런 현상을 단지 환각으로만 치부하는 건 부당하고 피상적인 접근이라고 나는 생각한다. 친구들 중 하나가 헤밍이 죽은 후에 그를 보았다고 한다면, 이는 헤밍이 그 친구에게 매우 중요한 걸 말하고 싶었다는 사실을 의미하므로, 꿈이든 환각이든 아니면 실제 유령이든, 사건 자체를 조사하는 것과는 아무런 상관이 없다. 헤밍의 영혼이 중요한 얘기를 하려 했다고 확신하는 사람이라면, 살아있는 동안 헤밍이 소통을 시도했지만 그가 미처 깨닫지 못했거나 이해하지 못했을 가능성이 많다. 헤밍의 말은 사후에 훨씬 더 명확해졌으며, 이러한 계시가 너무 강렬해서 사람들은 헤밍이 그들과 직접 이야기를 나누러 왔다고 믿었을 수도 있다.

그날 밤에 일어난 일과 관련해서는 브릭스의 이야기가 가장 중요하다. 헤밍은 그에게 유럽과 덴버와 아프리카에 남겨놓은 '엉망인 상황'에 대해 말했다. 그리고 육체가 제거되니 위안이 된다고도 말했다. 헤밍이 세 번의 실패로 인해 짓눌렸던 건 사실이다. 하나는 유럽에 남겨둔 것(클로드와 아들에 대한 죄책감)이고, 또 하나는 덴버에서의 일(장애를 얻은 친구를 '구할 수 없다'는 무력감)이며, 다른 하나는 아프리카의 일로, 프랑수아즈가 다른 사람과 결혼했다는 소식을 들었기 때문이다. 그녀와의 관계를 마리에게서처럼 하나의 운명적 관계로 받아들였던 그로서는 감당하기가 무척 힘들었을 것이다. 프랑수아즈에 대해 자신이 틀렸다는 사실을 인정할 수 없었던 그는 그녀에게 편지를 보냈고, 아프리카에서 그녀가 무엇을 했든 자신이 믿었던 이상적인 여성으로 남아있다는 걸 증명해줄 답장을 기다리고 있었다. 하지만 그녀의 답장은 도착하지 않았다. 헤밍은 당장 우체국으로 달려갔으나 기다리던 편지는 그곳에 없었다.

헤밍은 이 모든 것들을 머피에게 털어놓았다. 아마 그는 브릭스와도 이 문제를 의논했을 것이다. 따라서 이것이 그가 살아있을 때의 일이었는지, 아니면 죽고 나서의 일이었는지는 중요하지 않다. 가장 중요한 것은 헤밍의 신경이 극도로 예민해졌다는 사실을 브릭스가 깨닫게 된 것이며, 따라서 죽음으로 헤밍이 엄청난 짐을 덜게 되었다는 사실을 알았던 그로서는 친구를 잃은 것에 대해 어떠한 고통도 느끼지 못했을 수 있다.

CHAPTER TWENTY-THREE

한계상황

검시관의 판정은 자살이었다. 누군가 헤밍의 어머니에게 그의 죽음을 알렸고, 장례식에는 그녀만 참석했다. 이상한 상황이긴 하지만, 아마도 친구들은 그의 비극적인 죽음으로부터 거리를 두어야 할 필요성을 느꼈을 것이다.

헤밍의 어머니는 하와이에서 혼자 도착했다. 그녀의 남편은 병원에 입원해 있었고, 몇 년 후 결국 그곳에서 사망했다. 그녀는 혼자 도착해서 혼자 관을 따라 묘지까지 갔다. 그녀는 아들의 시신을 보고 싶어하지 않았다. 티 파티가 끝난 다음 날 아침 시신이 발견된 곳에서 옮겨진 이후 그의 시신을 보고 싶어했던 사람은 아무도 없었던 것 같다. 20년이 지난 후 헤밍의 아들 로랑이 샌프란시스코에서 몇몇 히피들을 만났다. 1980년대 말에도 샌프란시스코에는 여전히 히피족이 있었으며, 헤밍을 만난 적은 없으나 그에 대한 이야기는 많이 들어본 이들이었다. 그들은 로랑에게 (그가 누군지도 모르는 채) 게리 헤밍이 여전히 살아있다고 말하면서, 헤밍이 1969년 제니 호숫가에서 있었던 한 이방인의 사고사를 그의 자살로 위장했다고 주장했다. 사람들로 하여금 시신이 그의 것일 거라고 추측하게 다음, 마침내 완전한 자유를 향한 자신의 염원을 이루기 위해 사라져서 전 세계의 모든 산들을 여전히 누비고 다닌다는 것이었다. 신화 속 인물은 죽지 않는 법이다. 하지만 현실은 신화와 달라서 게리 헤밍이 머리에 총상을 입고 사망했다는 경찰의 구체적인 보고서가 있다. 자살일까, 아니면 사고사일까? 오랜 세월이 흐른 지금에 와서, 어느 쪽이든 확실한 증거를 찾는 건 사실상 불가능한 일이다.

게리 헤밍은 자질이 뛰어났지만, 극단적인 기분들로 인한 고통 때문에 자신의 자질을 계발하고 함양하지 못했다. 그는 사교적이었고, 사람들과 함께 어울리는 것을 좋아했으며, 끊임없이 인정받고 싶어했다. 반면 그는 남성에 대해 깊은 두려움을 품고 살았고, 여성들과는 애증의 관계로 지냈다. 이런 감정들로 인해 가끔씩 그는 다른 사람들과의 접촉을 경멸하면서 오랫동안 스스로를 고립시키기도 했다. 그는 독창적인 이론을 갖고 있었으며, 예리하게 직관적으로 자신의 생각을 사람들에게 전달하고, 그들이 자신을 따르도록 설득할 수 있었다. 하지만 정신적 나태가 지나칠 때가 자주 있어 많은 프로젝트들을 실현하지 못했다. 그는 깨끗함, 성실함, 순수함에 대한 필요성을 느꼈고, 비록 가족과 친구들에게 종종 배려심이 없고 이기적으로 행동하긴 했어도 원대한 이상을 추구했다. 그리고 이 모든 모순들은 헤밍의 마음을 무겁게 짓눌렀으며, 행복의 정점에서 절망의 나락에 빠지기까지 그의 정서적 불안과 기분 변화들에 대한 설명이 될 수 있을 것이다.

평생 동안 완전체에 대한 필요성을 느꼈던 헤밍은 끊임없이 영적인 균형을 찾고 있었다.

헤밍이 올바른 균형을 찾은 유일한 분야는 등반이었다. 그래서 나는 그 모든 복합적인 것들로 한 남자의 삶을 이야기면서(장점이나 약점만을 가진 알피니스트나 학자, 예술가는 없다) 알피니스트로서의 헤밍을 가장 먼저, 그리고 가장 중요하게 언급하고 싶다. 등반을 할 때 헤밍은, 다른 때는 너무나 쉽게 낭비했던 그 특별한 자질들을 활용할 수 있었다. 등반을 하면서 그는 자신의 꿈을 실현할 수 있었고, 그 결과 발자취를 남겼다.

어쩌면 그는 삶의 다른 모든 측면에서 완벽한 균형에 도달하지 못하고, 감당할 수 없을 만큼 쌓여간 실패들이 너무 큰 부담이 되어 스스로 목숨을 끊었는지 모른다. 따라서 그의 죽음에 대해 우연한 사고였다는 주장은 타당해 보이지 않으며, 설사 그것이 사실이라 해도 달라지는 건 아무것도 없다. 헤밍은 언젠가부터 죽음을 원해왔으며, 부담과 긴장이 한계상황에 이르자 그날 밤 스스로 목숨을 끊은 것이다. 헤밍이 스스에게 총을 쏘았는지, 아니면 무의식적으로 사고로 이어질 상황을 초래했는지는 본질적으로 중요하지 않으며, 그의 피할 수 없는 운명에 아무런 영향도 끼치지 않는다.

하지만 또 다른 가능성은 생각해볼 수 있다. 즉, 헤밍은 자살을 원했으나 그 결정을 운명에 맡긴 채 러시안룰렛 게임을 했을 수도 있다. 이런 가능성은 그를 너무나 사랑한 나머지 그가 스스로 목숨을 끊었다는 생각을 (의도적으로든 의식적으로든) 도저히 할 수 없는 사람들에게 어느 정도 위안을 준다. 헤밍은, 주인공이 한쪽으로는 자기 삶을 살고 다른 한쪽은 자신의 운명에 개입하는 그런 게임을 하면서, 운명에 몸을 맡기기로 결심했을 수 있다. 이 게임이 자신을 구하고, 자신의 문제를 해결하고, 사랑과 행복에 대한 자신감을 회복할 수 있기를 바라면서 말이다. 그는 바로 이런 마음으로 이미 단독등반을 감행했었다.

한 가지 더, 혜밍의 죽음을 전해 들었을 때 유럽의 산악계가 선호했던 이론이 있는데, 그가 마약으로 환각을 경험하던 시기에 스스로 목숨을 끊었다는 것이다. 당연히 이 이론은 확인할 수도 부인할 수도 없다. 혜밍은 혼자 떠났고, 긴장을 풀고 늘 하던 '여행'을 떠날 수 있도록 마약류를 갖고 있었을 가능성도 있다. 하지만 그렇다 해도 달라지는 건 없다. 설령 그렇다 하더라도 마약이 그를 죽인 게 아니라 죽음에 대한 그의 의지가 마약을 복용하도록 부추겼을 것이다. 결국 게리가 한 가지 확신하고 있었던 것은, 모든 인간은 사고나 질병으로 죽는 게 아니라, 의식적인 선택이나 스스로를 파멸시키려는 무의식적인 욕망에 의해 죽는다는 것이었다.

이미 오래전 죽음에 대한 두려움을 극복한 혜밍은 1963년 초 일기에 이런 글을 남겼다. "죽음에 대한 두려움은 분명 그 사람의 준비 부족에서 비롯된다. 그런 사람은 삶의 방향감각 상실을 두려워하는 만큼이나 죽음도 두려워한다. 우주에서의 자신의 위치에 확신이 있는 사람은 죽음을 쉽게 받아들일 수 있다."

내면에서 발생하는 끊임없는 모순들에도 불구하고, 혜밍은 우주에서의 자신의 위치와 역할을 확신했다. 친구들은 농담 삼아 그가 구원자이자 영웅의 본성을 갖고 있다고 말하곤 했는데, 그들의 말이 옳았다. 마리를 그녀의 부모로부터 구해내기 위해 싸웠던 것처럼 우스꽝스러운 투쟁에서조차도, 헤밍은 구원자로서 자신의 역할을 매우 중요하게 여겼다. 목표물이 무엇이든, 그는 자신의 목적을 달성하기 위해 엄청난 에너지를 쏟아부었다. 배리 코벳은 헤밍이 집으로 와서 그를 치료해주려 했을 때도 전혀 놀라지 않았다. 그는 헤밍이 마법의 힘을 빌릴 수 있도록 허용해주었으며, 실험이 실패했던 이유는 단지 실제로 불가능한 것이었기 때문이다.

그리고 영웅으로서의 역할은 헤밍에게 완전히 안성맞춤이었다. 그가 바로 선과 악을 모두 대표했던 당대의 영웅이었기 때문이다. 그리고 영웅이란 당연히 젊은 나이에 죽게 된다. 모든 시대를 통틀어, 모든 문화권에서, 자신과 타인을 죄로부터 구원하는 데는 영웅의 죽음이 필요했다. 어쩌면 헤밍은 마음속으로 자신이 일찍 죽을 영웅이라는 사실을 알고 있었고, 순순히 그 운명에 따랐을 뿐일지도 모른다.

감사의 말

헤밍을 아는 사람들과, 그에 대해 이야기해도 좋다고 동의
해준 사람들의 도움이 없었다면 아마도 이 책은 나오지 못
했을 것이다. 그 이름이 너무 많아 여기서 일일이 언급할
수는 없지만, 모두에게 진심어린 감사를 드린다. 그 중 많
은 사람들의 이름이 이 책에 나오지만, 수집한 일화와 기록
이 충분치 않아 따로 언급하지 못한 사람들도 있다. 그러
나 그 또한 결코 불필요한 것들이 아니었으며, 대단한 가치
가 있었다. 때로는 아주 사소한 것까지 포함해 내가 관심
을 가진 세부적인 것들을 모두 다 알고 나서야 비로소 헤
밍의 삶과 죽음에 대한 전체적인 그림을 그릴 수 있었기
때문이다.

무엇보다도 헤밍과 가까웠던 사람들에게 고마움을 표

하고 싶은데, 사생활과 가정생활을 들여다보고 싶어하는 낯선 사람이 당연히 의심스러웠을 텐데도 많은 신뢰와 격려를 보내주었기 때문이다. 클로드, 로랑, 감사합니다.

카르멘에게 깊이 사과하고 싶다. 그녀가 좋아하지 않을 것이라는 사실을 알면서도 이 책을 썼기 때문이다. 그녀가 이 책의 첫 장만이라도 읽고, 아들이 드류에서 두 명의 독일인을 구조한 공로로 미국산악회가 명예훈장을 수여했다는 것을 기억해주길 바란다. 그리고 아들이 어머니가 준 성경을 항상 가지고 다녔다는 사실도 잊지 말아주었으면 한다. 조사 과정에서 알게 된 이런 작은 것들이 헤밍의 어머니에게 조금의 위안라도 될 수 있기를 바라 마지않는다.

특별한 부분에서 중요한 역할을 해준 사람들도 있었다. 켄 윌슨은 처음 내가 방향을 잡지 못했을 때 도와주었으며, 톰 프로스트 부부는 중요한 자료를 찾을 수 있도록 도와주면서 꾸준히 격려해주었다. 로열 로빈스와의 대화는 깨달음이었으며, 배리 코벳은 의구심을 해결할 수 있도록 도와주었고, 빌 브릭스는 헤밍이 마치 개인적으로 아는 사람처럼 느껴질 수 있도록, 친해질 수 있게 해주었다.

모두들 진심으로 감사드린다.

그리고 내 조사작업의 훌륭한 감독이었던 피에르 조

프로이에게 고마운 마음을 전한다. 비록 나를 열심히 뛰게 만들었지만 그 모두가 가치 있는 일이었으며, 그의 도움이 없었다면 이 책은 나오지 못했을 것이다. 르네 드메종에게도 감사를 전한다. 그가 나를 피에르 조프로이에게 소개해주지 않았다면, 내 작업의 데우스 엑스 마키나deus ex machina는 그의 친구의 전기를 쓰는 데 골몰해 있는 낯선 이의 말에 결코 귀 기울이지 않았을 것이다. 그리고 피에르 마조에게 감사한다. 그의 말이 맞았다. 헤밍을 잘 알고 지낸 사람들은 삶이 더욱 깊어졌다. 로타 마우흐와 질 보댕, 그리고 샤모니의 모든 친구들에게 감사한다. 어느 날 느닷없이 귀중한 정보를 가지고 나타났다가 또다시 사라진 제리 갤워스에게도 감사한다. 더불어 캘리포니아, 와이오밍, 콜로라도에서 만난 카를로스, 싱클레어, 닐, 페기, 머피와 헤밍의 모든 친구들에게 고맙다는 말을 전하고 싶다.

아울러, 인내심을 갖고 원고를 읽어주고 건설적인 지적을 해준 카를로 그라피냐Carlo Graffigna, 프랑코 가우디아노Franco Gaudiano, 엔리코 카만니Enrico Camanni에게 감사한다.

그리고 마지막으로, 이 작업을 해나갈 수 있도록 영감

―――* 초자연적인 힘을 이용하여 극의 긴박한 국면을 타개하고 결말로 이끌어가는 기법. 여기서는 피에르 조프로이를 의미한다. 〈역주〉

을 주고, 제안과 검사를 통해 최종 원고를 만드는 데 도움을 준 남편 루치아노 텐데리니Luciano Tenderini에게 고맙다는 말을 전하고 싶다.

1990년 1월
미렐라 텐데리니

저자 후기[*]

1960년대 초에는 알프스에서부터 비롯된 전통적인 산악활동이 이미 널리 퍼져있었다. 비록 많은 이탈리아인들이 전세계의 산을 오르긴 했지만, 유럽인들이 암벽등반에 다른 방식으로 접근하게 된 데는 새로운 등반 기술과 철학으로 무장한 많은 미국 산악인들의 역할이 컸다.

80년대에도 여전히 모든 등반가들은 그런 미국 산악인들, 특히 그 유명한 사건이 있고 몇 년 만에 혜성처럼 나타났다 사라진 사나이에 대해 얘기하곤 했다. 그리고 얼마 후 그 사나이가 어느 산기슭의 외딴 호숫가에서 의문의 죽음을 맞이했다는 소식이 들려왔다. 그게 전부였다. 대체 게리 헤밍이란 사나이는 누구였을까?

───* 2014년판에 새로 추가된 글이다. 〈역주〉

대도시 출신이긴 하지만 당시 나는 등산 가이드이자 암벽 등반 강사였던 남편과 함께 산에서 살고 있었다. 여러 나라의 산악 잡지들을 읽고 있었고 몇몇에는 기사를 쓰기도 했다. 우리 집은 거의 전적으로 산악인들이 자주 방문했고, 나는 아무도 제대로 알지 못하는 게리 헤밍이라는 사나이에게 흥미가 끌렸다. 산악인들의 삶과 이력들은 이미 우리에게 많이 알려져 있으며, 개중에는 리카르도 캐신이나 발터 보나티처럼 유명한 사람들도 있고 등반을 사랑하는 평범한 사람들도 있다. 하지만 게리에 대해서는 누구도 아무것도 알지 못했으며, 나는 그가 어떤 사람인지, 무엇을 했는지, 그 전부가 다 알고 싶어졌다.

처음부터 책을 쓸 생각이 있었던 건 아니고 단지 호기심에서 출발했으며, 몇 년 동안 이 모험의 여정이 계속될 줄은 상상도 하지 못했다.

일단 나는 몇 가지 나와 있는 단서들로부터 조사를 시작하기로 했다. 『파리마치』 기사를 참조해 드류 구조작업에 참여한 프랑스 등반가들의 이름을 추적한 다음, 샤모니로 가서 그들을 인터뷰했다. 신임을 얻기 힘들 거라는 예상과 달리 그들은 모두 문을 활짝 열어주었다. 자기중심적인 사람으로 묘사되었던, 그리고 드류 구조작업 이후 그의 영광을 앗아간 헤밍을 좋아하지 않을 충분한 이유가 있는 르네 드메종조차도 큰 도움을 주며 이 여정에서 새로운 길을 열어주었다. 그는 지붕에서 삽으로 눈을 퍼내는 대가로 헤밍이 묵었던 호텔 드 파리의 주인인 루 자닌을 비롯해 샤모니에서 헤밍을 아는 모든 사람들을 내게 소개시켜 주었다. 그중에서도 가장 소중한 연락처는 『파리마치』의 그 유명한 기사를 쓴 피에르 조프로이의 주소였는데, 그는 피에르 마조와 마찬가지로, 파리에 있을 때 무일푼이었던 헤밍이 다리 밑에서 잠을 자지 않을 때 자기 집에 머물 수 있게 해준 친구이자 후원자였다. 일단 조사를 시작하자 작업에는 점점 더 속도가 붙었다. 인터뷰한 사람들이 헤밍을 알고 지내던 다른 사람들에 대해서도 언급해주었기 때문이다. 『마운틴』지를 창간했던 켄 윌슨이 주소를 준 덕분에 그와 함께 올랐던 등반가들도 쉽게 추적이 가능했다. 이들은 대부분 미국인이었지만 유럽인들도 상당수였다. 모든 이들과의 대화 중 삶의 아주 작은 한 부분이라도 헤밍에 대해 무언가를 얘기해줄 수 있는 사람이 나오면 이름과 주소를 받았다. 가끔 연락을 시도했지만 응답이 없었던 사람이 나중에 밀라노의 내 스튜디오에 찾아오기도 했는데, 헤밍의 어린 시절 친구이자 초기 등반 파트너였던 제리 갤워스가 바로 그러했다. 그 외 게리 헤밍이라는 인간을 재구성하는 데 도움이 될 만한 사람이면 누구든, 프랑스와 스위스,

게리 헤밍

독일, 영국, 그리고 특히 미국을 오가며 모두 인터뷰했다.

한편 헤밍의 가족이나, 그가 사랑했고 그를 사랑했던 여자들과는 접촉하기 그리 쉽지 않았다. 그의 이상형이었던 (이 책의) '마리'는 인생에서 그 부분은 잊기로 했다며 대화를 거부했다. 헤밍의 편지와 일기, 그리고 다른 이들의 말을 토대로 두 사람의 관계를 재구성할 수 있긴 했지만, 그녀의 사생활을 존중해 이름은 가명을 사용했다. 존 할린의 미망인인 마라 또한 내 편지에 답하지 않았지만, 어느 날 집 문을 열자 아주 놀랍게도 헤밍의 가장 가까운 친구이자 등반 파트너였던 존 할린과 믿을 수 없을 정도로 똑같이 생긴 잘생긴 청년이 서 있었다. 바로 존 할린과 같은 이름을 쓰는 아들(존 할린 3세)이었으며, 아내 아델Adele과 콘래드 키르흐와 함께였다. 콘래드 키르흐는 1961년 푼타 굴리에르미나에서 조난되어 헤밍과 할린에게 구조된 두 등반가 중 한 명이다. 존 할린 3세는 그의 어머니가 아직도 아버지의 죽음으로 괴로워하고 있다며 내게 용서를 구했지만, 직접 찾아와서 그가 알고 있는 모든 것을 내게 말해주었다. 헤밍이 스위스 레장에 있는 할린의 집을 드나들었을 때 그는 아직 어린 소년이었다. 첫 방문이 있은 후 그는 다른 대부분의 헤밍의 친구들과 마찬가지로 자주 우리 집을 찾아왔다. 젊은 할린은 1991년 파리에서 이 책을 출판했을 때 최초로 이 책을 본 사람들 중 하나였다.

　헤밍의 마지막 약혼녀였던 프랑수아즈는 끝까지 찾지 못했다. 그의 친구들 중 누구도 그녀의 주소를 알지 못했으며, 어떻게 알아내야 할지도 전혀 감을 잡지 못했다. 반면에 프랑스에서의 초반 시절 헤밍의 동반자였고, 그의 아들의 어머니인 클로드는 내게 아낌없는 지원을 해주었으며, 아들인 로랑도 연결시켜주었고, 미국에 있는 그의 어머니에게도 연락할 수 있게 도와주었다. 카르멘 헤밍은 매우 나이가 많고 아름다웠으며 아들에 대해 얘기하기 싫어했지만, 헤밍이 자랐던 샌디에고에서 그녀와 시간을 보내는 동안 나는 세계를 돌아다니며 조사했을 때보다 훨씬 더 많이 헤밍에 대해 이해할 수 있었다.

　헤밍의 모든 미국인 여자친구들은 모두 적극적으로 대화에 응했으며, 책에 쓰일 자료 수집에도 열정적으로 참여해주었다. 그들은 헤밍이 죽은 지 몇 년 후 유명한 미국 작가인 제임스 설터James Salter가 그의 전기를 쓰기 위해 그들을 인터뷰했지만, 유럽에서 보낸 시간들에 대한 기록이 없어 포기했으며, 대신 소설, 『고독한 얼굴Solo Faces』을 썼다고 말했다. 『고독한 얼굴』은 로버트 레드포드도 읽고 좋아했던 책으로, 레드포드는 이 책으로 영화를 만들 생각도 했지만 궁금했던 헤밍의 유럽 시절에 대한 정보를 구하지 못해 생각을 접은 바 있다. 내가 이 책을 끝냈을 때, 레드포드와 함께 1986년 네팔 트레킹을 다녀온 헤밍의 한 친구가 그에게 이 사실을 알려주었다. 그리고 어느 날 나는 산타모니카에서 온 편지를 한 통 받았는데, 그 편지에서 레드포드는 관심을 보이며 내게 사본을 보내달라고 했다. 나는 책을 보냈지만 결국 아무것도 돌아오지 않았다. 한 친구가 말하길, 애초에 레드포드는 헤밍의 역할도 하고 싶어했지만 너무 많은 세월이 흘러 그 역할을 맡기에는 너무 늙어버렸다고 한다.

그때보다 더 많은 세월이 흘렀고, 과연 게리 헤밍의 신화가 여전히 몽상가들과 반항아들을 사로잡을 수 있을지 의문스럽다. 이 책을 쓰고 있을 때 헤밍의 아들이 샌프란시스코에서 만난 히피들 얘기를 들려준 적이 있었다. 그들은 그가 아들인지도 모르는 채 게리 헤밍은 진짜 죽은 게 아니라, 익명으로 자유롭게 야생에서 산을 오르며 돌아다니기 위해 죽음을 꾸며낸 거라고 말했다고 한다. 1980년대까지만 해도 헤밍은 분명 신화였고 전설로 존재했었다. 지금은… 솔직히 나도 잘 모르겠다.

2014년 3월

미렐라 텐데리니

역자 후기

소설 같은 인생을 산 소설 같은 캐릭터 게리 헤밍은 장구한 등산역사에서 그 유례를 찾을 수 없을 정도로 매우 독특한 인물이다. 히말라야의 8천 미터급 고봉 14개를 무산소로 등정한 라인홀트 메스너나 예지 쿠쿠츠카, 엘캐피탄 프리라이더 루트를 프리솔로로 등반한 알렉스 호놀드 등에 비해 대중에게 많이 알려지지는 않았지만, 1960년대의 그 누구보다 열정적으로 등반혼을 불살랐던 인물이기도 하다.

게다가 권총 자살로 생을 마감한 산악인이라니…. 모름지기 산악인이란 인간의 한계를 넘나드는 생사의 갈림길에서 '살아남기 위해' 몸부림치는 존재이거늘, 그는 어쩌면 그토록 이율배반적일 수 있었을까? 하지만 이 책을 통

게리 헤밍

해, 그가 해낸 전설적인 등반보다도 훨씬 더 복잡하고 매력적이기까지 한 그의 내면의 세계를 이해하게 된다면, 우리는 이렇게 말할지도 모른다. "멋진 선택이었어요. 당신 같은 사람이 늙어 죽는다는 건 어울리지 않습니다."

헤밍은 1957년 하프돔 북서벽 초등, 1961년 몽블랑 프레네이 중앙 필라 대참사, 1966년 아이거 디레티시마 등 등반역사를 수놓은 굵직한 사건들과 직·간접적으로 연관이 있지만, 그 모두에서 그는 자신의 인생에서와 마찬가지로 아웃사이더였다. 자의는 아니었지만 그가 인사이더가 되었던 유일한 사건은 1966년 드류 서벽에서 펼쳐진 구조작업이었으며, 이를 통해 그는 순식간에 유명인사가 되었다. 하지만 아이러니컬하게도 그에 따른 부작용은 바로 명성이었다. 그리고 "명성은 마치 독주와도 같아서 들이키는 순간에는 그 쓰디쓴 뒷맛을 생각하지 못하고, 알코올이 떨어지면 심각한 금단증상을 겪을 수 있다."(본문 35쪽)

주디스와 마리 등 헤밍의 주위에는 짧게, 혹은 길게 관계를 맺었던 몇몇 여인들이 있었지만, 그를 가장 잘 이해하고 동반자로 함께 했던 사람은 클로드였다. 아들의 아버지이기도 한 사랑하는 남자가 산으로만이 아니라 다른 여성에게로 끝없이 방황하는 모습을 지켜볼 수밖에 없었던 인물로, 이 책이 나오는 데도 큰 도움을 주기도 했다.

평생을 완전한 등반과 이상향의 여자를 꿈꾸며 방랑자로 살았던 헤밍은, 간절히 추구하던 완벽한 균형에 결국 도달하지 못한 채 거듭된 좌절의 무게에 짓눌려 스스로 목숨을 끊었을지도 모른다. 한없이 쾌활하고 한없이 감성적이며, 물불 가리지 않는 열정과 바다보다 깊은 우울이 함께 공존했던 치명적인 한 산악인의 인생을 짧게나마 함께할 수 있어 뜻깊은 시간이었다.

끝으로 이 책이 나올 수 있게 도움 주신 변기태 회장님에게 감사드리고, 읽을 수 있는 글로 다듬어주신 김동수 선배님과 친구 권아영에게도 깊은 감사의 마음을 전한다.

2024년 6월
박명원

참고문헌

Allsop K., Hard Travellin' - The Hobo and his history. London 1967

Bonatti W., On the Heights. London 1964

Cappon M., L'Alpinismo. Milan 1981

Cassara E., La Morte del chiodo. Bologna 1983

Desmaison R., Total Alpinism. London 1982

Devies L., Henry P., Guide Vallot de la Chaîne du Mont Blanc. Paris 1967

Gillman P., Haston D., Eiger Direct. London 1966

Joffroy P., Les petits chemins de l'abîme. Paris 1980

Karl R., Yosemite. Bad Homburg 1982

Labande R., Grandes courses. Paris 1980

Magnone, G., West Face. London 1955

Mazeaud P., Naked before the Mountain. London 1974

Meyers G., Yosemite Climber. London-Modesto 1979

Michel A., Clébert J-P., Légendes et traditions de France. Paris 1979 Ortenburger L., A Climbers' Guide to the Teton Range. Palo Alto 1979

Rebuffat G., Le Massif du Mont Blanc. Paris 1974

Roper S., Steck A., Fifty Classic Climbs of North America. London- San Francisco 1979

Rowell G A., Yosemite. Berkeley 1973

Salter J., Solo Faces. Boston 1979

Scott D., Big Wall Climbing. London 1973

Sinclair P., We Aspired: the last innocent Americans. Ohio 1992

Ullman J R., Straight Up: John Harlin - the life and death of a mountaineer. New York 1968

JOURNALS AND MAGAZINES

La Montagne et Alpinisme. October 1964. Gareth Hemming in collaboration with Claude Guerre-Genton. *A la reserche d'un équilibre.*

Le Dauphiné Libéré. August 18th to 23rd inc. 1966.

Paris Match. August 1966. R Desmaison. *Ma place était la-haut.*

Paris Match. August 1966. Pierre Joffroy. *Dans la tourmente du Dru, un héros est né.*

Elle. October 13th 1966. Marie-Françoise Leclerc, "Gary Hemming repond a 35 questions qui vont tres loin."

Paris-Match, no. 1064, August 1969: Pierre Joffroy, "Gary Hemming, la fin tragique d'un poete."

La Rivista della Montagna, July 1983: Enrico Camanni, Andrea Gobetti, "L'utopia oltre le montagne."

Montagnes Magazine, July 1986: Christine Grosjean, "L'Hotel de tous les paris."

La Montagne et l'Alpinisme, October 1969: René Desmaison, "Gary Hemming," (obituary).

Mountain Magazine, November 1969: Royal Robbins, "Gary Hemming," (obituary).

Published in various American magazines, various dates:

Royal Robbins, "Americans in the Alps."

X., "A Tribute to American Climbers."

Tom Frost, "En faisant le fou."

John Harlin, "First Ascents in the Mont Blanc Alps."

Jeremy Bernstein, "En vous recherche."

Royal Robbins, "In Memory of Gary Hemming" (obituary).

Henry W. Kendall, "Gareth H. Hemming" (obituary).

찾아보기

게리 헤밍

게리 헤밍

게리 헤밍

알프스의 방랑자
게리 헤밍

초판 1쇄 2024년 8월 26일

지은이 미렐라 텐데리니Mirella Vescovi Tenderini
옮긴이 박명원

펴낸이 변기태
펴낸곳 하루재 클럽
주소   (우) 06524 서울특별시 서초구 나루터로 15길 6(잠원동) 신사 제2빌딩 702호
전화   02-521-0067
팩스   02-565-3586
이메일 haroojaeclub@naver.com
출판등록 제2011-000120호(2011년 4월 11일)

윤문   김동수
편집   권아영
디자인 장선숙

ISBN   979-11-90644-14-3 03990

* 책값은 뒤표지에 있습니다.